JN123991

Q&A と 事例 で
わかりやすく解説

二訂版

相続税・贈与税
所得税 法人税

名義財産を めぐる税務

裁判例・裁決例の結論から国税のプロが読み解く判断要素
～名義財産及び重加算税の裁判例・裁決例について分析～

税理士 渡邉 定義 編著
税理士 田作 有司郎 共著
税理士 中西 徹

一般財団法人 大蔵財務協会

はしがき（二訂版）

　税務の世界において、「名義財産」とそれに伴う「重加算税」の問題は、古くて新しい課題であり、これまでも多くの係争事例があります。係争事例である裁決や判決を通して考え方を整理することは実務上大いに参考になります。

　また、近年税務調査の世界もDXやIT化の進展に伴い調査方法に工夫が見られ、名義財産や重加算税に対する取組みにも変化が見られるようになっています。

　本書は、創刊当初の「はしがき」にもありますように、相続税・贈与税・所得税・法人税を中心に名義財産に関する事例とそれらに関連する重加算税事例をピックアップし、税務調査や相談事務の参考になるよう**ポイント**や**アドバイス**を整理したものです。主にTAINS等を参考にポイント中心の記述になっていますので、詳細については原文に当たっていただければと思います。

　今回は、それぞれの事例の**コメントの加筆**や**新たな判例等を追加**するとともに、改正整備された**重加算税**についての**通達の整理と重要判決等**について**新たな項**を設け大幅に加筆いたしました。

　納税者や税務の専門家の皆様の適正申告のための一助となれば幸いです。

　最後に、本書の改訂にあたり執筆の協力をいただいた木村賢司税理士並びに改訂の機会を与えていただきました大蔵財務協会の木村理事長はじめ、出版編集部の皆様に心からお礼申し上げます。

編著者　税理士　渡邉　定義

著　者　税理士　田作　有司郎

税理士　中西　徹

はしがき

　税務調査等課税実務において、「財産の帰属」をめぐる問題は最も大きな論点の一つです。例えば相続税の申告の際や税務調査の場面において、「相続税の課税財産」の計上や認定に当たっては、財産の名義如何にかかわらず実質的に被相続人に帰属していたものを課税財産として計上することになりますが、その認定をめぐり「真実の所有者は誰か」、「真実被相続人のものであったか否か」といった点が問題となってきます。なかでも、「**名義預金**」や「**名義株**」をめぐる相談や争い、真実の**帰属所得**をめぐる事例等は多く、実務に携わる専門家にとっても最も悩ましい問題となっています。

　本書では、これらの問題意識のもと、主に相続税・贈与税、所得税、法人税に関する訴訟や不服審査で名義・帰属に関して問題となった主要な事例を検証し、判決及び裁決からみて実務に参考となる事項をピックアップし、納税者や税務の専門家の皆様の今後の申告や調査の際に参考になるよう**ポイント**や**アドバイス**等を整理しました。

　これまで争われた事例等を整理・分析しますと、参考になるエキスが多数含まれていることが分かります。また、納税者にとっては、仮に課税庁から事実と異なる主張がされた場合、どのような証拠等を揃え主張していけばよいかなど参考になるものを整理できたのではないかと考えています。

　納税者や実務を担当される方々の適正申告のための一助となれば幸いです。

　なお、分析に当たりましては、主にTAINS等を利用させていただきました。本書ではポイント中心の記述になっています。判決、裁決等をご使用の際はできるだけ原文に直接当たっていただければと思います。

　終わりに、本書の刊行の機会を与えていただきました大蔵財務協会の木村理事長はじめ、出版編集部の皆様に心から謝意を表します。

編著者　　　渡邉　定義
著　者　　　田作有司郎
　　　　　　中西　　徹

●目　次●

第1編　総説

第2編　名義財産等をめぐるQ&A

第3編　事例（裁判例・裁決例）から読み解く
名義財産等をめぐる税務のポイント

第4編　参考資料

第 1 編
総説

Ⅰ 名義預金・名義財産

　財産の帰属の判定において、その名義が誰であるかは非常に重要な指標（メルクマール）といえます。しかし、申告や税務調査などの実務において「名義預金・名義財産」などは頻繁に遭遇し、一般的に存在していることから、名義だけにとらわれることなく、「出捐者（拠出者）は誰か」、「通帳や印章の管理者は誰か」、「利益の享受者は誰か」など様々な事情を考慮して、その財産が真実「誰に帰属するのか」を的確に判断することが実務上重要となります。

　例えば、「父の財産を整理していたら、母名義や私の子供（孫）の名義の定期預金通帳が見つかりました。これらの家族名義の預金も相続税の申告に含める必要がありますか？」と尋ねられたら、その回答は「名義にかかわらず、お父さんが定期預金の資金を拠出していたことなどから、お父さんの財産と認められるものは、相続税の対象になります。」といったものになります。

　また、昔から「我が家の大蔵（財務）大臣は奥さんです。」という話を聞くことがありますが、家計の管理を妻が行っている家庭は、いまだ多くあると思います。

　そういった場合は、家計の範囲を生活費と預金の管理とで区別していないため、妻が預金を管理している割合は不明ですが、例えば相続税調査などでは、預金の管理は妻が行っていると回答する事例が多いことになります。

　そこで、預金の帰属の判定においてその預金の「**管理・運用をしている者**」は、帰属認定の重要な一要素であることから、妻名義の預金を妻が管

理していたような場合には、どのように考えればよいのか問題になること
になります。

　つまり、「名義は妻、管理・運用も妻」であるような場合、単にこの点
だけを捉えて考えると、この預金は「妻に帰属する」という感じもします
が、このようなケースにおいては、「夫が自分の財産の管理・運用を妻に
任せることに包括的な同意があったかどうか」がメルクマールであり、更
にいわゆる「**内部関係**」についてまで検討をすることになります。

　特に、夫名義の預金についても妻が管理・運用していたような場合、妻
名義の預金についても夫に帰属すると判断できる場合があるので注意が必
要です。

　そこで、これまでの税務争訟で争われた事件の判決や裁決の中で示され
た名義預金の帰属の判定要素（ポイント）を分析して見てみると、およそ
次の**6点**になります。

その財産の
　①　**出捐者※は誰か**
　②　**預入行為者は誰か**
　③　**管理・運用者は誰か**
　④　**利益の享受者は誰か**
　⑤　**処分者は誰か**
　⑥　**出捐者、名義人、管理・運用者との関係（内部関係）はどうか**
です。
　※「しゅつえんしゃ」＝預金の原資を拠出している者をいう。
　これらの考え方を示す主な判決として、

○東京地裁平成20年10月17日判決（税務訴訟資料第258号-195）

（順号11053）　　　　　　　　　　　　　　　　（7ページ参照）

　ある財産が被相続人以外の者の名義となっていたとしても、当該財産が相続開始時において被相続人に帰属するものであったと認められるものであれば、当該財産は相続税の課税の対象となる相続財産となる。

　そして、被相続人以外の者の名義である財産が相続開始時において被相続人に帰属するものであったか否かは、①当該財産又はその購入原資の出捐者、③当該財産の管理及び運用の状況、④当該財産から生ずる利益の帰属者、⑥被相続人と当該財産の名義人並びに当該財産の管理及び運用をする者との関係、②当該財産の名義人がその名義を有することになった経緯等を総合考慮して判断するのが相当である。

があります。

　裁決としては、

平成23年5月16日裁決　　　　　　　　　　　（10ページ参照）

　預貯金、有価証券等の財産の帰属を判断するためには、その名義が重要な要素となることはもちろんであるが、他人名義で財産を取得することや取引口座の開設をすることも、特に親族間においては珍しいことではないことからすれば、それらの①原資をだれが負担しているか、取引や口座開設の意思決定をし、②その手続を実際に行っていたのはだれか、その③管理又は運用による④利得を収受していたのがだれかという点もまた帰属の認定の際の重要な要素ということができ、実際に帰属する者の認定は、これらの諸要素、⑥その他名義人と実際に管理又は運用をしている者との関係等を総合的に考慮すべきである。

があります。

　つまり、上記のようにそれぞれの要素を総合的に考慮して判断する説で
ある「**総合考慮説**」が主流となっています。

（参考）

民事の世界では、現在、

【総合考慮説】

> 　預金原資の帰属、預金開設者・預金口座名だけでなく、更に、預金通帳
> 及び届出印の保管状況その他の諸要素を総合的に勘案した上で、誰が自己
> の預金とする意思を有していたかで預金者の認定を行うとする見解

が最も有力とされています。

　その他の説として、

① 　主観説

> 　原則として、預入行為者を持って預金者であるとする見解。預入行為者
> が他人の預金であることを表示しないか、又は銀行が実質上の権利者を知
> らない限り、預入行為者をもって預金者とする見解

② 　客観説

> 　原則として、出捐者をもって預金者であるとする見解。特別の事情がな
> い限り、自らの出捐により、自己の預金とする意思で自ら又は使者、代理
> 人を通じて預金契約をした者をもって預金者とする見解

があります。

6

・東京地裁平成20年10月17日判決

《判決要旨》

「ある財産が被相続人以外の者の名義となっていたとしても、当該財産が相続開始時において被相続人に帰属するものであったと認められるものであれば、当該財産は、相続税の課税の対象となる財産となる。そして、被相続人以外の者の名義である財産が相続開始時において被相続人に帰属するものであったか否かは、当該財産又はその購入原資の出捐者、当該財産の管理及び運用の状況、当該財産から生ずる利益の帰属者、被相続人と当該財産の名義人並びに当該財産の管理及び運用をする者との関係、当該財産の名義人がその名義を有することになった経緯等を総合考慮して判断するのが相当である。

　財産の帰属の判定において、一般的には、当該財産の名義がだれであるかは重要な一要素となり得るものではあるが、我が国においては、夫が自己の財産を、自己の扶養する妻名義の預金等の形態で保有するのも珍しいことではないというのが公知の事実であるから、妻名義預金等の帰属の判定において、それが妻名義であることの一事をもって妻の所有であると断ずることはできず、諸般の事情を総合的に考慮してこれを決する必要がある。

　妻が行った本件妻名義預金等に係る取引は、いずれも被相続人の指示によるものであるとする課税庁の主張が、①証券会社の担当者による説明の際における被相続人の様子からすると、妻名義での金融取引に際し、その内容について被相続人が妻に対して逐一指示をしていたとは考え難いこと、②脳こうそくで入院中の被相続人と妻との間に、何ら緊急性のうかがわれない妻名義の証券取引等について指示等のやり取りがされることは考え難いこと、③自身が証券取引口座を開設したのは、納税者夫婦と被相続人夫婦の関係が悪かったため、妻

の老後の生活を心配した被相続人から指示を受けたからである旨の妻の供述の内容が、自ら証券取引を全くしていなかった被相続人が妻に対して証券取引口座の開設を指示するというのは合理的な行動とは言い難いことから信用できないことに照らすと採用できない。

　財産の帰属の判定において、財産の管理及び運用をだれがしていたかということは重要な一要素となり得るものではあるが、夫婦間においては、妻が夫の財産について管理及び運用をすることがさほど不自然であるということはできないから、これを殊更重視することはできず、被相続人の妻が被相続人名義で被相続人に帰属する預金等の管理及び運用もしていたことを併せ考慮すると、被相続人の妻が妻名義の預金等の管理及び運用をしていたとしても、妻名義の預金等が被相続人ではなく妻に帰属するものであったことを示す決定的な要素であるということはできない。

　被相続人が、自分の死んだ後に妻が金銭的な面で不自由をしないように、本件遺言書の作成とは別に、自己に帰属する財産を妻名義にしておこうと考えたとしても、あながち不自然ではなく、被相続人が、実際に生前贈与をした土地建物の持分については贈与契約書を作成し、妻が課税庁に対し贈与税の申告書を提出していたのと異なり、妻名義預金等についてはそのような手続を何ら採っていないことも考慮すると、被相続人がその原資に係る財産を妻に対して生前贈与したものと認めることはできない。

　被相続人の妻は本件調停の手続において一貫して本件妻名義預金等は被相続人から生前贈与を受けたものである旨主張していたから、本件妻名義預金等が妻の財産であるとする納税者の主張が、遺産分割調停においては、一方当事者が自己の取得する遺産の額を増やそうとするために、自己に有利な様々な主張をすることは通常考えられることであるから、妻が上記のように主張したからといって、真に生前贈与を受けた旨の認識を有していたかは明らかではないといわざるを得ない上、仮に妻が真に生前贈与を受けた旨の認識を有していたと

しても、贈与の有無は受贈者の認識のみにより定まるものではないから、妻の本件調停における主張をもって本件妻名義預金等が被相続人から妻に贈与されたものであるということはできない。

　本件調停の調停条項において、本件妻名義預金等は被相続人の妻に生前贈与されたもので被相続人の遺産ではないとされたことから、本件妻名義預金等が被相続人の妻の財産であるとする納税者の主張が、本件調停の調停条項には本件妻名義預金等に係る記載はないのであるから、本件調停の調停条項において本件妻名義預金等が被相続人の遺産でないとされたとまでいうことはできない。」

・平成23年 5 月16日裁決

《要旨》

「請求人らは、請求人ら名義の有価証券及び各預貯金等（本件請求人ら名義財産）について、これらの全部が請求人ら固有の財産である旨主張する。

　しかしながら、預貯金や有価証券等の財産の帰属を判断するためには、その名義が重要な要素となることはもちろんであるが、それら原資の負担者、取引や口座開設の意思決定を行った者、その手続を実際に行った者、その管理又は運用による利得を収受している者などの諸要素、その他名義人と管理又は運用をしている者との関係等を総合的に考慮すべきであるところ、本件請求人ら名義財産については、本件被相続人の妻である請求人Ａ名義の一部の財産を除き、①原資の負担者は、本件被相続人であったと認めるのが相当であること、②取引や口座開設等の手続の遂行者は、実質的に本件被相続人であったと認めるのが相当であること、③本件被相続人自身又は本件被相続人が請求人Ａを通じて、管理していたと認めるのが相当であること、④本件請求人ら名義財産の基となった財産の運用については、本件被相続人の指図によって行われていたとみるのが相当であること及び⑤本件請求人ら名義財産の基となった請求人らの名義の上場株式のうち、配当金に係る利得を享受し得る立場にあったのは、本件被相続人であったと認められることからすれば、いずれも本件被相続人の相続財産と認めるのが相当である。ただし、本件請求人ら名義財産のうち請求人Ａ名義の一部の財産については、同人の所得から形成されたものと認められ、また、同人によって運用されていたものと認められるから、請求人Ａ固有の財産であると認めるのが相当である。」

Ⅱ　名義預金の具体的判断要素（チェック要素）

① 預貯金等の原資（**出捐者**）

　相続人名義預貯金等の原資が被相続人の資金（被相続人の預金からの書換え、不動産や株式の売却代金等）による場合、被相続人から贈与を受けたものか、又は被相続人の単なる名義預金かを判断します。名義人の贈与税の申告の有無も確認する必要があります。

② 印鑑及び預金通帳等の保管者と保管状況（**預入行為者**）

　通常印鑑がなければ預貯金は解約できず、必然的に印鑑を所持している者が預貯金の真の所有者であると推測されることになります。基本的には、重要な印鑑を預貯金通帳等と共に保管する者が真の所有者であると推認されます。

　名義人に所得がない場合若しくは設定時の年齢等から預金に相応するだけの財産の蓄積が考えられない場合は、その原資等が問題となります。

③ 預貯金通帳・証書の保管者と保管状況（**管理・運用者**）

　第一義的には、証書を所持している者がその権利の所有者とみなされることになります。

　また、預貯金の出し入れや定期預金等の満期時の書換えは当然その名義人が行うだろうと推認されることになります。

　被相続人が保管し、その名義人がその預貯金の存在を相続開始時まで知らなかった場合又は、知っていたとしても名義人の支配下にない場合、その預貯金の真の所有者は誰かが問われることになります。

④ 預貯金利息の受取り（**利益の享受者**）

　元本の帰属の調査においては、その果実の受取り状況が問題となります。

⑤　**処分者**

　　預貯金の解約、不動産や株式の売買契約などの実行者は誰なのか。

　　財産を処分することになった経緯はどうであるか等を考慮して、その財産の帰属を判断します。

⑥　複雑な人間関係（**出捐者、名義人、管理・運用者との関係（内部関係）**）

　　なぜ、被相続人名義ではなく家族名義で預金されていたのか（主に贈与があったのか否か）、なぜ、相続人が管理・運用しているのか（被相続人が財産管理・運用を相続人に委ねていた実態があったのか）、また、名義人は同居の親族なのか別居の親族なのか、被相続人の病気療養中及び入院中の財産管理・運用は誰の指示により行われていたのか等を、総合的に考慮して判断します。

Ⅲ　名義預金と贈与

　　名義預金、特に家族名義預金が争われる場合、「贈与」の問題が絡んできます。

　　家族名義預金の出捐者（拠出者）は被相続人であっても、相続開始前に贈与契約が成立していた場合には、相続税の課税要件を満たさないことになります。

　　例えば、課税庁が相続財産と認定した名義預金がある場合、納税者から「それは相続開始前に既に贈与されていた」との主張がよく行われるからです。この場合、本当に贈与があったのか、成立していたかが争われます。贈与の成立には、必ずしも書面は必要ありません。

　したがって、贈与の成立については、書面の作成がない場合には、①「贈与者及び受贈者双方の合意（意思）があること、②履行されたこと（財産が交付されたこと）」等、総合的に判断されることになります。

　具体的には、次の点に留意しておく必要があります。

①　書面の作成

　贈与契約は、法律上は書面を作成しておかなくても、契約は有効に成立しますが、トラブルの元となることも多いので、できるだけ書面を作成しておくことが肝要です。

　なお、書面を作成する場合には、次の点に留意してください。

・書面の内容（登記等）は確実に履行されているか

・贈与の対象物件等が明確に記載されているか

・処分権の留保はないか

・書面の管理は贈与者・受贈者双方で行われているか

・作成日現在の住所（別居であるにもかかわらず同住所になっている）に誤りはないか（作成日が虚偽ではないか）

・印鑑は別々のものを使用しているか

など書面の真実性を立証できるようにしておくことが重要です。

②　贈与の意思

　贈与の意思が証明できるもの（メモ等）を、できるだけ残しておく必要があります。

・贈与の時期、動機等が分かるメモ

③　支配の移転

　家族名義の預貯金が贈与であることを主張するためには、贈与者（被相続人）がその預貯金の**所有権**を自己の支配から名義人に移転している

　　ことが大前提です。

　　・通帳、印鑑等の管理・保管

　　・利息の受領

　　・処分者（書換手続等含む）等は誰か

　　が問われます。

④　**申告書の提出**

　　贈与の証拠を示すためにも、贈与税の申告を行っておくことが大切です。

【参考法令】

〇**民法**

　　（**贈与**）

　第549条　贈与は、当事者の一方がある財産を無償で相手方に与える意思を表示し、相手方が受諾をすることによって、その効力を生ずる。

　　（**書面によらない贈与の撤回**）

　第550条　書面によらない贈与は、各当事者が解除することができる。ただし、履行の終わった部分については、この限りでない。

〇**相続税法**

　　（**贈与税の納税義務者**）

　第1条の4　次の各号のいずれかに掲げる者は、この法律により、贈与税を納める義務がある。

　　一　贈与により財産を取得した次に掲げる者であって、当該財産を取得した時においてこの法律の施行地に住所を有するもの

　　＜以下省略＞

14

○相続税法基本通達

（財産取得の時期の原則）

1の3・1の4共—8　相続若しくは遺贈又は贈与による財産取得の時期は、次に掲げる場合の区分に応じ、それぞれ次によるものとする。

(1)　相続又は遺贈の場合　＜省略＞

(2)　贈与の場合　書面によるものについてはその契約の効力の発生した時、書面によらないものについてはその履行の時

Ⅳ　名義財産の帰属判定の際の証拠資料

　相続税の場合、一般的に法定の帳簿書類がないことから、証拠として機能する物証は極めて乏しいとされています。

　しかし、家族名義預金等を相続財産の対象とした遺言書や遺産分割協議書、更には被相続人又は相続人らが作成した財産の内容を記載したメモやデジタルデータなどは、非常に有力な証拠となります。

　その他には、次のような書類等が重要な証拠資料になると思われます。

①　出捐者（拠出者）に関する証拠資料

・金融機関の取引履歴に関する資料

・出捐者（拠出者）が誰であるか分かる書類（売買契約書、領収書、計算書等）

・通帳等に記載されているメモ等

②　資金の拠出の検討に関する証拠資料

・給料明細や確定申告書控え

・売買契約書、贈与契約書、金銭消費貸借契約書、登記事項証明書等

③　管理運用者、利益の享受者、預入行為者等に関する証拠資料

　・金融機関が保管する印鑑票、各伝票（筆跡）の確認

　・印鑑、通帳等の保管場所

④　内部関係に関する証拠資料

　・贈与契約書、公正証書、被相続人や相続人等の意思を推認できるメモ
　　等

　・被相続人、相続人及び関係者の日記等

　このほかにも各相続において個別の証拠資料は存在すると思われますが、
生前から証拠資料の収集は忘れずに行ってください。

納税者の主張（相続財産に含まれない旨）が認められるパターン

① 資金の拠出など基本6要素（4ページ参照）が揃っている場合

② 贈与されたものが、*形式的だけでなく実質的にも*、所有権、支配権が名義人に移転

　 していると認められる場合

【具体例】

　被相続人が預金や株式について、当初資金を拠出したものの、相続人へ預金や株式の贈与を行い、以後名義人である相続人が口座等を管理・運用し、利息や配当も受領しており、取引残高報告書等の書類等を保管している場合などは、相続人のものと認められる場合があると考えられます。

【贈与が認められる要件（ポイント）】（Q8、13参照）

　（資金は被相続人が拠出していたような場合）

1　名義人は、預金（株式）の存在を知っている(注1)

2　名義人は、贈与を受けた認識がある (注1)

3　名義人自ら、預金口座、証券口座を管理、運用している(注2)

（チェックポイント）

（注1）

・贈与者や受贈者の事実やその認識がポイントとなります。贈与は、双方の意思

　による諾成契約です。

・必ずしも贈与契約書がないとか贈与税の申告がされていないことだけで贈与の

　否認の理由にはなりません。ただし、贈与税の申告や株式の配当の申告がある

　場合は有力で大きな証拠となります。

・口頭による贈与もあり得ます。

・取引残高報告書の存在の認識

・利息、配当金の受領状況も一つの要素です。

（注2）

・印鑑の保管状況

・申込み等の運用状況が問われます。

納税者の主張が認められない（失敗例）パターン

贈与契約があり、贈与税の申告もあり、利息や配当金も名義人が受領している
から大丈夫と思っているケース

形式的、実質的に**所有権**や、**支配権**が名義人
に移転していなければ、認められません。

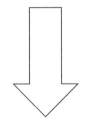

【チェックポイント】
その財産の
① 出捐者※は誰か
② 預入行為者は誰か
③ 管理・運用者は誰か
④ 利益の享受者は誰か
⑤ 処分者は誰か
⑥ 出捐者、名義人、管理・運用者との関係（内部関係）
※「しゅつえんしゃ」＝預金の原資を拠出している者をいう。

納税者が注意
する事項

【名義財産と認定されないための主要要素】（Q10、13参照）

・口座開設時には、申込書等はできるだけ開設者本人が自筆する

・届印は、各自別々のものを使用する

・通帳や印鑑等の管理は、名義人本人が行う

・利息や配当金は、名義人が受領する

・贈与の事実を証明するためには、

　・贈与者の事実、受贈者の事実や認識がポイントとなります。

　　贈与は、双方の意思による諾成契約です。できるだけ、契約書を作る。贈与税の

　　申告は、できるだけ行う。メモを残す。

　　（ただし、必ずしも贈与契約書がないとか贈与税の申告がされていないことだけ

　　で贈与の否認の理由にはなりません。口頭による贈与もあり得る。）

　・取引残高報告書等は名義人本人が受領、保管する。

18

名義預金（名義財産）のフローチャート

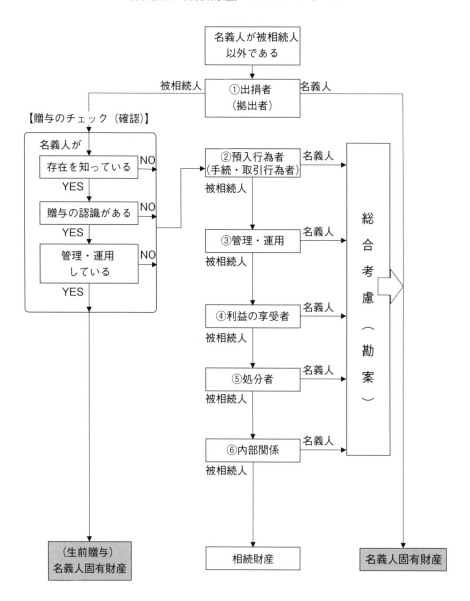

Ⅴ　名義預金の相続財産計上漏れと重加算税の賦課

　相続税の場合、多くの家庭に家族名義預金が存在し、相続財産に計上されている場合とされていない場合があります。

　当然のことではありますが、相続税の課税要件を満たしている財産は課税され、課税要件を満たしているにもかかわらず、当初申告に計上されていなかった場合には、重加算税の賦課が行われることもあります。

　そこで、どのようなケースに重加算税は賦課されるのかを考えていきます。

1　重加算税の法的性質

　重加算税制度は、納税者が過少申告するについて**隠蔽、仮装**という不正手段を用いていた場合に、過少申告加算税よりも重い行政上の制裁を科することによって、悪質な納税義務違反の発生を防止し、もって申告納税制度による適正な徴税の実現を確保しようとするものです（最高裁平成7年4月28日判決）。

2　重加算税の賦課要件（国税通則法第68条）

①　国税通則法第65条（過少申告加算税）第1項又は同法第66条（無申告加算税）第1項の要件を満たしていること。

②　納税者がその国税の課税標準等又は税額等の計算の基礎となるべき**事実の全部又は一部を隠蔽し、又は仮装**していること。

③　隠蔽し、又は仮装したところに基づいて、納税申告書を提出していること又は法定申告期限までに納税申告書を提出していないこと。

　一般的に「**隠蔽**」とは、例えば売上除外、証拠書類の廃棄等課税要件の事実の全部又は一部を隠匿しあるいは脱漏することを言い、「**仮装する**」とは、例えば架空仕入、架空契約書の作成、他人名義の利用等、所得・財産あるいは取引上の名義を装う等の事実を歪曲することを言います（金子宏『租税法』、和歌山地裁昭和50年判決等参照）。

　また、関係通達（令和5年6月23日付「相続税及び贈与税の重加算税の取扱いについて」（事務運営指針））では、次のように相続税における隠蔽行為等について例示しています。

①　相続人（受遺者を含む。）又は相続人から遺産（債務及び葬式費用を含む。）の調査、申告等を任せられた者（以下「相続人等」という。）が、帳簿、決算書類、契約書、請求書、領収書その他財産に関する書類（以下「帳簿書類」という。）について改ざん、偽造、変造、虚偽の表示、破棄又は隠匿をしていること。

②　相続人等が、課税財産を隠匿し、架空の債務をつくり、又は事実をねつ造して課税財産の価額を圧縮していること。

③　相続人等が、取引先その他の関係者と通謀してそれらの者の帳簿書類について改ざん、偽造、変造、虚偽の表示、破棄又は隠匿を行わせていること。

④　相続人等が、自ら虚偽の答弁を行い又は取引先その他の関係者をして虚偽の答弁を行わせていること及びその他の事実関係を総合的に判断して、相続人等が課税財産の存在を知りながらそれを申告していないことなどが合理的に推認し得ること。

⑤　相続人等が、その取得した課税財産について、例えば、被相続人の名

> 義以外の名義、架空名義、無記名等であったこと若しくは遠隔地にあったこと又は架空の債務が作られてあったこと等を認識し、その状態を利用して、これを課税財産として申告していないこと又は債務として申告していること。

3　重加算税が賦課される場合とは

(1)　上記「事務運営指針」④、⑤にもあるように、家族名義の預貯金について課税財産であること及び相続人等がそのことを認識していたことが前提となります。いわゆる家族名義といっても、その範囲は同居する親族のものから妻の旧姓等まで多岐にわたることから一概にはいえないものの、被相続人が家族名義預金について一見して課税財産として認識し難い状態を作り出しており、相続人等がその状態を利用して過少申告に及んだような場合には、重加算税の賦課要件を満たすことになります。

　　なお、重加算税の規定の趣旨からすると、架空名義の利用や資料の隠匿等の積極的な行為が存在したことまで必要であると解するのは相当ではなく、納税者が当初から相続財産を隠匿し、相続税の課税価格を過少に申告することを意図し、その意図を外部からもうかがい得る**特段の行動**をした上、その意図に基づく過少申告をしたような場合には、重加算税の賦課要件が満たされるものとされています（大阪地裁平成23年12月16日判決）。

(2)　重加算税の賦課についてのキーワードは、①過少に申告することを意図し、②その意図が外部からうかがい得る**特段の行動**をした上、③その意図に基づき過少な申告をするということになります。

　「**過少に申告することを意図している**」というためには、相続人等において家族名義預金が課税財産（申告しなければならない財産）であるという認識が必要となります。この過少申告の意図は、相続人等の内面の問題であることから、税務調査時での相続人等の発言が重要になってきます。

　また、「**特段の行動**」とは、第三者から見て過少申告の意図が明らかなものと認められる行動（事実）を総合的に判断したものをいいます。

　例えば、家族名義預金について、①税理士に対するその存在の虚偽答弁や預貯金通帳等の不提示、②税務調査の際の虚偽答弁や預貯金通帳の不提示、③家族名義の一部だけを申告、④相続税の申告書に添付した遺産分割協議書への不記載などが挙げられます。

4　重加算税が賦課される対象者

　国税通則法第68条第１項では、「納税者」が課税標準等又は税額等の計算の基礎となるべき事実の全部又は一部を隠蔽又は仮装し、納税申告書を提出していたときは、過少申告加算税に代えて重加算税を賦課することとされています。

　したがって、納税者以外の者が隠蔽又は仮装をして申告した場合、その納税者に重加算税が賦課されるかが問題となります。

　裁判例等では相続税の申告手続等を委任した相続人が、受任した相続人が行った隠蔽などの行為を知らない場合であっても、隠蔽等を行った相続人の行為を委任した相続人の行為と同一視できる場合（一連の申告手続等を包括的に委任し、委任した相続人に帰責事由が認められる場合、例えば

任せたままにしていた。）には、以下のような事実関係を総合的に判断したところで、重加算税が賦課されることもあるとしています。

① 委任者と受任者との関係や委任の範囲
② 財産の確認は誰が行ったのか、税理士との窓口は誰であったのか
③ 委任した相続人の関与の度合い
④ 相続財産等の説明状況及び遺産分割協議の状況
⑤ 相続税申告書への署名の状況とその際の申告内容の説明の状況

　また、相続人ではなく、被相続人が隠蔽又は仮装した場合には重加算税が賦課されるかについては、納税者以外の者が隠蔽又は仮装を行った場合でも、それを納税者が認識し、その状態を利用して内容虚偽の申告をしたような場合には、実質的には、納税者自身が隠蔽又は仮装行為を行ったものと同様であると評価することができるとしています。隠蔽又は仮装行為が、形式的に納税者自身の行為ではないだけで重加算税の賦課が許されないとすると重加算税制度の趣旨及び目的を没却することになり、被相続人又はその他の者の行為により、相続財産が隠蔽又は仮装された状態にあることを相続人が認識し、相続人がその状況を利用して、内容虚偽の相続税の申告書を提出した場合にも、重加算税を賦課できるとされています（参考：大阪地裁昭和56年2月25日判決、岐阜地裁平成2年7月16日判決、京都地裁平成5年3月19日判決）。

　以上のとおり、隠蔽等を行った相続人の行為を委任した相続人の行為と同一視できるような場合には重加算税が賦課させられ、被相続人の隠蔽等行為であっても、それを認識した上で申告したような場合には、納税者自

身が隠ぺい又は仮装行為を行っていなかったとしても、重加算税が賦課されることになります。

【重加算税賦課要件】

A要件（「隠蔽又は仮装」要件）

　・事実を「隠蔽」する

　・事実を「仮装」する

（最高裁：「隠匿等積極的な行為までは必要ない」）

　　　　　　　　　　↓

B要件（特段の行動要件）

　・所得を過小申告する意図

　・その意図を外部からもうかがい得る特段の行動

〔**参考**〕

○　平成12年7月25日裁決（公表）は、個人の所得税に係る重加算税を争点とする審査請求についてのものですが、「代理人である税理士の行為は、平成7年分の不動産所得について、本件青色決算書に架空の必要経費を多額に計上することにより、不動産所得に多額の損失があったごとくに見せかけ、その結果として不正に所得税を免れていたと認められることから、税理士に申告手続等を一任した請求人が、課税標準等又は税額等の計算の基礎となるべき事実を隠蔽し、又は仮装し、その隠蔽し、又は仮装したところに基づき納税申告書を提出したというべきである。」旨述べています。

相続や共有物件の譲渡に係る申告手続きを<u>兄弟などに一切任せていた</u><u>場合</u>も同様で、受託者の不正行為について知らなかったとしても、<u>特段</u><u>の事情がない限り</u>依頼者の行為として同一視されることとなる可能性があり、注意が必要です。

Ⅵ　重加算税関係・重要判決等

各税目について重加算税を検討する際に、以下の判決等は特に参考になります。

1　相続税・贈与税

(1)　静岡地方裁判所平成17年3月30日判決（贈与の有無と贈与税申告の有無）

①　概要

被相続人、納税者ら及びその他の関係者が、贈与税の申告を行っておらず、その納付のための資金繰りをしていないことをもって、各金員の交付が贈与ではなく立替金に該当することの根拠とする課税庁の主張が、<u>贈与税の申告の有無と贈与の有無とは直ちに結びつくものではないから</u>、贈与税の申告あるいはその準備行為をした形跡がないからといって、この事実を過度に重視するのは相当でないとして排斥された事例

②　判示事項

1　被告は、上記金員の交付が贈与ではなく立替金の交付であること

の根拠として、上記金員の交付がＯグループの信用維持という経済
的必要性に基づくものであること、高額の金員の贈与であるにもか
かわらず贈与契約書等の作成がないこと、戊が他の親族に対してこ
のように高額な金員の贈与をしたことがないこと、甲にその借入金
を返済する資力があったことなどをるる主張するが、いずれも上記
金員の交付が贈与ではなく立替金の交付であることを根拠付ける事
実としては薄弱であることに加え、甲に返済資力はなかったと認め
られることを考え合わせれば、被告の主張は採用できない。

2　また、被告は、戊、甲及びその他の関係者が、贈与税の申告を行
っておらず、その納付のための資金繰りをしていないことをもって、
上記金員の交付が贈与ではないことの根拠として主張するが、贈与
税の申告の有無と贈与の有無とは直ちに結びつくものではないから、
贈与税の申告あるいはその準備行為をした形跡がないからといって、
この事実を過度に重視するのは相当でなく、前記認定の事実関係に
照らし、被告の主張は採用できない。

(2)　平成19年6月26日裁決（未成年の子に対する贈与の成立）

①　概要（裁決要旨）

1　贈与契約は諾成契約であるため、贈与者と受贈者において贈与す
る意思と受贈する意思の合致が必要となる（民法549条）が、親権
者から未成年の子に対して贈与する場合には、利益相反行為に該当
しないことから親権者が受諾すれば契約は成立し、未成年の子が贈
与の事実を知っていたかどうかにかかわらず、贈与契約は成立する
と解される。

2　贈与税の申告事実と課税要件事実との関係については、「納税義
　務を負担するとして納税申告をしたならば、実体上の課税要件の充
　足を必要的前提条件とすることなく、その申告行為に租税債権関係
　に関する形成的効力が与えられ、税額の確定された具体的納税義務
　が成立するものと解せられる」（高松高裁昭和58年3月9日判決）
　と示されていることからすると、贈与税の申告は、贈与税額を具体
　的に確定させる効力は有するものの、それをもって必ずしも申告の
　前提となる課税要件の充足（贈与事実の存否）までも明らかにする
　ものではないと解するのが相当である。そうすると、贈与事実の存
　否の判断に当たって、贈与税の申告及び納税の事実は贈与事実を認
　定する上での一つの証拠とは認められるものの、贈与事実の存否は、
　飽くまでも具体的な事実関係を総合勘案して判断すべきと解するの
　が相当である。

5　請求人は、あえて贈与契約書を作成しないという贈与の実態は、
　親子の関係では、社会通念上、むしろ一般的ではないかとも考えら
　れる旨主張するが、本件は、親権者と未成年の子との間の契約で、
　親権者自身が贈与者と受贈者の立場を兼ねていることから、対外的
　には贈与契約の成立が非常に分かりづらいものとなることは容易に
　認識できることであり、かえって、このような場合には、将来、贈
　与契約の成立について疑義が生じないよう契約書を作成するのがむ
　しろ自然ではないかと考えられるほか、平成11年及び12年の本件会
　社の株式の贈与について贈与契約書を作成していることと整合しな
　い点を併せ考えると、請求人の主張は直ちに採用することはできな
　い。

(3)　平成22年5月28日裁決（名義株の判断（主張・立証））

①　概要（裁決要旨）

1　財産の帰属の判定については、一義的には名義人に帰属するものとみるのが相当であり、実質所有者を名義人とすることに疑義がある場合には、当該財産の取得原資の出捐者、当該財産の管理運用の状況及び当該財産から生じる利益の帰属者等の諸要素を総合考慮して判断すべきものと解される。

4　原処分庁は、本件名義変更について契約書、領収書及び譲渡代金の原資を示す書類は何もないこと並びに本件調査担当者に対する請求人らの申述から、本件■■■株式は被相続人に帰属する財産に該当する旨主張する。

　　しかしながら、本件名義変更について契約書、領収書及び取得代金の原資を示す書類が存在しないことをもって、本件■■■株式が請求人の財産でなく被相続人の財産であるということにはならず、また、請求人の本件調査担当者に対する申述の内容は、本件■■■株式が請求人の財産ではなく被相続人の財産であるとする原処分庁の主張を裏付ける証拠として妥当なものと認めることはできない。

5　財産の帰属の判定については、一義的には名義人に帰属するものとみるのが相当であるところ、名義人たる請求人が実質的所有者ではないということについて、原処分庁から、ほかにそのことを裏付けるに足りる証拠の提出はないことから、本件■■■株式は、その名義人である請求人に帰属するものとみるのが相当である。

(4) 最高裁判所（第二小法廷）平成7年4月28日判決（重加算税の賦課要件）（★★★）

① 判示事項

1　この重加算税の制度は、納税者が過少申告をするについて隠ぺい、仮装という不正手段を用いていた場合に、過少申告加算税よりも重い行政上の制裁を科することによつて、悪質な納税義務違反の発生を防止し、もつて申告納税制度による適正な徴税の実現を確保しようとするものである。

2　したがつて、重加算税を課するためには、納税者のした過少申告行為そのものが隠ぺい、仮装に当たるというだけでは足りず、過少申告行為そのものとは別に、隠ぺい、仮装と評価すべき行為が存在し、これに合わせた過少申告がされたことを要するものである。しかし、右の重加算税制度の趣旨にかんがみれば、架空名義の利用や資料の隠匿等の積極的な行為が存在したことまで必要であると解するのは相当でなく、納税者が、当初から所得を過少に申告することを意図し、その意図を外部からもうかがい得る**特段の行動**をした上、その意図に基づく過少申告をしたような場合には、重加算税の右賦課要件が満たされるものと解すべきである。

　　これを本件について見ると、上告人は、昭和60年から62年までの3箇年にわたつて、被上告人に所得税の確定申告をするに当たり、株式等の売買による前記多額の雑所得を申告すべきことを熟知しながら、あえて申告書にこれを全く記載しなかつたのみならず、右各年分の確定申告書の作成を顧問税理士に依頼した際に、同税理士から、その都度、同売買による所得の有無について質問を受け、資料

の提出も求められたにもかかわらず、確定的な脱税の意思に基づいて、右所得のあることを同税理士に対して秘匿し、何らの資料も提供することなく、同税理士に過少な申告を記載した確定申告書を作成させ、これを被上告人に提出したというのである。もとより、

3　税理士は、納税者の求めに応じて税務代理、税務書類の作成等の事務を行うことを業とするものであるから（税理士法2条）、税理士に対する所得の秘匿等の行為を税務官公署に対するそれと同視することはできないが、他面、税理士は、税務に関する専門家として、独立した公正な立場において納税義務の適正な実現を図ることを使命とするものであり（同法1条）、納税者が課税標準等の計算の基礎となるべき事実を隠ぺいし、又は仮装していることを知つたときは、その是正をするよう助言する義務を負うものであつて（同法41条の3）、右事務を行うについて納税者の家族や使用人のようにその単なる履行補助者の立場にとどまるものではない。

4　右によれば、上告人は、当初から所得を過少に申告することを意図した上、その意図を外部からもうかがい得る**特段の行動**をしたものであるから、その意図に基づいて上告人のした本件の過少申告行為は、国税通則法68条1項所定の重加算税の賦課要件を満たすものというべきである。所論の点に関する原審の判断は右の趣旨に帰するものであるから、これを正当として是認することができる。右判断は所論引用の判例に抵触するものではなく、原判決に所論の違法はない。論旨は、違憲をいう点を含め、独自の見解に立つて原判決を非難するか、又は原判決の結論に影響のない事項についての違法をいうものであつて、採用することができない。

〔解説〕

　重加算税の要件について、最高裁の基本的考え方が示された重要な判決です。

　特に、要件の一つである「**特段の行動**」については、事案ごとに諸般の事情を総合考慮して判断されると考えられますが、最高裁調査官の解説からすると、次のような場合が該当すると考えられています。

① 　多額の所得があったにも関わらず、これをゼロとし、あるいはそのごく一部だけを作為的に記載した申告書を提出し続けた場合

② 　所得を得た納税者が通常であれば保管しておくと考えられる原始記録をあえて散逸するにまかせていた場合

③ 　税務調査に対する非協力、虚偽答弁、虚偽資料の提出棟の態度を採った場合

(5)　**東京地方裁判所平成18年7月19日判決（名義株等と重加算税）**

〔判示事項〕

1 　株式の帰属を認定するに当たっては、株式の名義が重要な要素とはなるが、他人名義で株式を取得することも、特に親族間においては珍しくはないことからすれば、誰が株式購入の原資を出捐したか、株式売買の意思決定をし、株式を管理運用してその売買益を取得しているのは誰か、さらに、売却・購入を短期間に繰り返すことがなく、比較的長期間保有を続けている株式にあっては、その配当金を取得しているのは誰かもまた、その帰属の認定に際して重要な要素ということができることから、これらの諸要素、その他名義人と管理、運用者との関係等をも総合考慮すべきものと解される。

2　被相続人は、自己の相続財産に帰属すべき株式、投資信託及び預け金について、これが親族名義の財産であるかのような名義・外観を仮装したものであり、そして納税者らは、被相続人に代わってその預入れ等の手続きを行っていたことなどからすれば、納税者らもまた、「偽りその他不正の行為」を行っていたものと認められるとされた事例

3　国税通則法70条5項（国税の更正、決定等の期間制限）の趣旨

4　課税庁が「偽りその他不正の行為」として問題にする被相続人の行為（株式、投資信託を親族名義にする行為）は、被相続人死亡の約20年前に行われたものであり、これを根拠に国税通則法70条5項（国税の更正、決定の期間制限）を適用するのは更正の期間制限の趣旨に反するとの納税者らの主張が、最初に親族名義にしたのが被相続人死亡の20年前であったとしても、そうした仮装した外観が相続開始時まで維持されており、これによって相続税に係る正確な財産の把握に困難を来している以上、適正な課税を実現する上で更正の除斥期間を長期に定める必要があることには変わりはなく、同規定の適用上、不正の行為がいつごろ開始されたかというような事情が斟酌されることは予定されていないというべきであるとして排斥された事例

5　納税者ら及び被相続人Bは、株式、投資信託及び株式売却代金請求権につき被相続人Aが作出した仮装状態を利用して、自らこれらの財産に係る相続税を免れる意思で、これを相続財産から除外して、第1次相続に係る相続税に及んだと推認することができ、こうした納税者ら及び被相続人Bの相続税申告時の行為は単なる不申告をし

たのと何ら区別すべき理由はなく、重加算税の賦課事由に該当する
ものと解するのが相当であるとされた事例

> **(6)　平成23年5月11日裁決（相続税の申告に当たり、相続財産の一部に
> ついて、相続人がその存在を認識しながら申告しなかったとしても、
> 重加算税の賦課要件は満たさないとした事例)**

①　概要

この事例は、相続税の申告に当たり、相続財産の一部である被相続人
名義の株式について、請求人がその存在を認識しながら申告に至らなか
った事情について個別に検討したところ、請求人が当初から相続財産を
過少に申告することを意図した上、その意図を外部からうかがい得る特
段の行動をしたとまでは認められないとしたものである。

②　要旨

原処分庁は、請求人が、当初申告において計上していなかった被相続
人名義の株式（本件株式）を相続財産であると認識していたにもかかわ
らず、関与税理士に対しその存在を秘匿し、過少な申告額を記載した本
件相続税の申告書を作成させ、これを原処分庁に提出したものであるか
ら、当初から相続財産を過少に申告することを意図した上、その意図を
外部からうかがい得る特段の行動をしたもので、国税通則法第68条（重
加算税）第1項に規定する隠ぺい又は仮装の行為に当たる旨主張する。

しかしながら、確かに、請求人は、法定申告期限前に本件株式の存在
を相続財産として認識していたと推認できるものの、原処分庁の主張す
る①請求人が関与税理士から証券会社の残高証明書を入手するように指
示されたにもかかわらず、それに従わなかったこと、②請求人が関与税

理士から申告書案記載の財産について個々に説明を受けていたにもかかわらず、本件株式の記載漏れを指摘しなかったこと、③本件相続税の調査の際、請求人が虚偽答弁を行ったことについては、それぞれ、①請求人が、本件相続税の申告に当たって、関与税理士が本件株式を把握するために必要な資料を既に所持しており、改めて提出する必要がないと考えた可能性を否定しえないこと、②請求人は、関与税理士から申告書案記載の財産について個々に説明を受けていたとは認められず、また、申告書案に本件株式が相続財産として当然記載されていると誤認したまま、記載内容を十分に確認せず、その誤りに気付かなかったという可能性を否定しえないこと、③請求人が虚偽答弁を行ったと認めるに足りる証拠がないことから、これらのことをもって、請求人が当初から相続財産を過少に申告することを意図した上、その意図を外部からうかがい得る特段の行動をしたとまでは認められない。

《参考判決・裁決》

最高裁平成 7 年 4 月28日第二小法廷判決（民集49巻 4 号1193頁）

⑺　平成28年 4 月25日裁決（相続財産である各預金口座を隠ぺいし、秘匿しようという確定的な意図、態勢の下に、計画的に相続税の申告書を提出しなかったとまではいえないとした事例（平成24年11月相続開始に係る相続税の重加算税の賦課決定処分・一部取消し））

①　概要

　本事例は、請求人が、相続に関する原処分庁の照会に対して被相続人名義の各預金口座の存在を回答せず、相続税調査の初期においても上記回答に沿った申述をするなど、当該各預金口座の存在を隠した事実は認

められるものの、これらの行為をもって、隠ぺい又は仮装の行為と評価することは困難であるなどとして、重加算税の賦課決定処分を取り消したものである。

② 要旨

原処分庁は、被相続人が、生前、同人名義の各預金口座の存在を原処分庁に容易に知り得ない状況を作出するとともに、請求人に対して当該各預金口座は申告する必要はないと指示しており、請求人が、その意図を十分に理解して、当該各預金口座を記載しない「相続についてのお尋ね」（本件お尋ね回答書）を原処分庁に提出するとともに、原処分庁所属の職員に対しても、その記載に沿った申述を行った後、その存在を把握されるに至って、当該職員から指摘された口座についてのみ段階的にこれを認める行為を繰り返したのであるから、国税通則法第68条《重加算税》第2項に規定する隠ぺい又は仮装の事実がある旨主張する。

しかしながら、無申告加算税に代えて重加算税を課す場合、法定申告期限の前後を含む、外形的、客観的な事情を合わせ考えれば、真実の相続財産を隠ぺいし、秘匿しようという確定的な意図、態勢の下に、計画的に納税申告書を提出しなかったときには、重加算税の賦課要件を満たしていると解するのが相当である。これを本件についてみると、請求人は、相続税の法定申告期限後において、当初、当該各預金口座の存在を隠す申述をしているものの、当該職員から指摘されるとその存在を認めており、当該各預金口座を隠す態度を一貫していたとはいえない上、当該各預金口座が発見されるのを防止するなど積極的な措置を行っていないことからすれば、本件お尋ね回答書の提出及び当該各預金口座を隠していたことを、隠ぺい又は仮装と評価するのは困難である。そして、こ

のほか、請求人が、法定申告期限の前後において、積極的な隠ぺい又は仮装の行為を行っていないことからすれば、法定申告期限経過時点において、相続税の調査が行われた場合には、積極的な隠ぺい又は仮装の行為を行うことを予定していたと推認することはできない。

　したがって、請求人は、当該各預金口座を隠ぺいし、秘匿しようという確定的な意図、態勢の下に、計画的に相続税の申告書を提出しなかったとまではいえないから、重加算税の賦課要件を満たさない。

《参考判決・裁決》

最高裁平成6年11月22日第三小法廷判決（民集48巻7号1379頁）

(8)　平成30年1月30日裁決（税理士交付用として相続財産の一覧表を作成した行為は隠ぺい又は仮装の行為に当たらないとして、重加算税の賦課決定処分を取り消した事例（平成26年5月相続開始に係る相続税の重加算税の賦課決定処分・一部取消し））

① 概要

　本事例は、相続税の申告に当たり請求人が税理士へ交付した相続財産の一覧表は、あえて相続財産の一部を記載せずに作成されたものと推認することはできないとして、重加算税の賦課決定処分を取り消したものである。

② 要旨

　原処分庁は、請求人は、相続財産を正確に把握していたにもかかわらず、あえて一部の保険金（本件各無申告保険金）及び遺族一時金（本件遺族一時金）を記載せずに相続財産の一覧表（本件税理士提出用一覧表）を作成し、相続税の申告に当たってこれを税理士に交付したもので

あり、請求人が本件税理士提出用一覧表を作成した行為は、国税通則法
第68条《重加算税》第 2 項に規定する隠ぺい行為に当たる旨主張する。

　しかしながら、本件各無申告保険金及び本件遺族一時金が振り込まれ
た請求人名義の各口座は、いずれも原処分庁においてその存在を容易に
把握し得るものであることに加え、本件税理士提出用一覧表は上書入力
を繰り返し行ったために本件遺族一時金の記載が消えてしまった旨の請
求人の説明は、一応合理的であることなどからすれば、請求人が、あえ
て本件各無申告保険金及び本件遺族一時金を記載せずに本件税理士提出
用一覧表を作成したとの事実を推認することはできず、ほかにこの事実
を認めるに足りる証拠はない。したがって、請求人が本件税理士提出用
一覧表を作成した行為は、同項に規定する隠ぺい又は仮装の行為に当た
らない。

(9)　平成30年 3 月29日裁決（当初から相続税を過少に申告する意図を有していたと認めることはできないとして、重加算税の賦課決定処分を取り消した事例）

①　概要

　本事例は、請求人らが当初から相続税を過少に申告する意図を有して
いたとか、その意図を外部からもうかがい得る特段の行動をしたとは認
められないとして、重加算税の賦課要件を満たさないと判断したもので
ある。

②　要旨

　原処分庁は、請求人らは、請求人らが相続開始直前に被相続人名義の
預貯金から引き出した金員（本件金員）について、相続財産であること

を十分認識していながらこれを遺産分割協議書に記載せず、また、相続
税の申告書（本件申告書）を作成した税理士（当初申告代理人）に対し、
被相続人名義の預貯金通帳の提示等をすることなく、本件申告書に記載
された各預金口座の残高証明書のみを提示することにより、過少な相続
税額が記載された本件申告書を作成させてこれを提出したものと認めら
れるから、当初から過少に申告することを意図し、その意図を外部から
もうかがい得る特段の行動をした上で、その意図に基づく過少申告をし
たと認められる旨主張する。

　しかしながら、請求人らが、本件金員が被相続人の財産であることを
十分認識していたと認めるのは困難である上、当該遺産分割協議書及び
本件申告書の作成に当たり、当初申告代理人に対し、被相続人名義の預
金口座の残高証明書のみを提示したのは、当初申告代理人から預貯金通
帳の提示や本件相続開始前後の入出金についての説明を求められなかっ
たからであり、このことにより、過少な相続税額が記載された本件申告
書を作成させたとは認められず、原処分庁の主張を根拠付ける証拠も見
当たらない。そうすると、請求人らが、当初から過少に申告する意図を
有していたとか、その意図を外部からもうかがい得る特段の行動をした
とは認められず、その他、当審判所の調査によっても、請求人らについ
て、国税通則法第68条《重加算税》第１項に規定する隠ぺい又は仮装の
行為があったとは認められない。

《参考判決・裁決》

最高裁平成７年４月28日第二小法廷判決（民集49巻４号1193頁）

⑽　**平成30年8月22日裁決（平成26年12月相続開始に係る相続税の各更正処分及び過少申告加算税の各賦課決定処分・全部取消し）（名義預金・名義株と化体財産）**

① **概要**

　相続人名義預金に入金された資金及び上場株式の購入資金の運用から生じた化体財産は、過去に被相続人から相続人に贈与があったと認められるため、これらの資金に相当する預け金返還請求権は相続財産には当たらないとした事例

《ポイント》

　本事例は、被相続人から相続人名義の銀行口座に入金された資金及び上場株式の購入資金の合計（本件資金）について、その化体財産が過去に被相続人から相続人に贈与により移転したものとみるのが相当であることからすると、被相続人は、相続開始日において、相続人に対して本件資金相当額の**預け金返還請求権**を有しているとは認められないため、相続財産に当たらないと判断したものである。

② **要旨**

　原処分庁は、相続人（本件相続人）名義の銀行口座（本件預金口座）に入金された資金及び上場株式の購入資金の合計（本件資金）について、本件資金の原資（本件資金となる直前の財産）は、被相続人（本件被相続人）に帰属するものと認められ、本件被相続人と本件相続人との間で、贈与やその他の債権債務関係があったとは認められないことからすると、本件被相続人は、本件相続人に対し、本件資金相当額の預け金返還請求権を有している旨主張する。しかしながら、①本件資金及び本件資金の原資の管理運用は、本件被相続人が行っていたものであり、そうであれ

ば、本件資金を本件預金口座に入金したり、その後、本件相続人名義の上場株式の購入資金に充てたりしたことは、財産の管理運用の一環として、本件相続人の名義で本件被相続人が実質的に行っていたものと認められること、②平成18年頃に本件資金の運用から生じた<u>化体財産</u>は本件被相続人から本件<u>相続人に贈与されていたこと</u>からすれば、そもそも本件資金相当額の預け金返還請求権の存在はおろか発生していたとすらい<u>えない</u>。したがって、本件被相続人は、相続開始日において、本件相続人に対し、本件資金相当額の預け金返還請求権を有しているとは認められない。

③　事案の概要（詳細版）

　本件は、被相続人であるＨ（以下「本件被相続人」という。）の共同相続人である審査請求人Ｆ、同Ｇ及び同Ｄ（以下、順に「請求人Ｆ」、「請求人Ｇ」及び「請求人Ｄ」といい、３名を併せて「請求人ら」という。）が、原処分庁から、請求人Ｄ名義の預金口座に入金された資金及び上場株式の購入資金に相当する**預け金返還請求権**が本件被相続人の相続財産であるなどとして、相続税の更正処分等を受けたため、当該各資金は本件被相続人から請求人Ｄに過去に<u>贈与</u>されたものであるから<u>相続財産には当たらない</u>として、当該更正処分等の全部又は一部の取消しを求めた事案である。

④　争点についての主張

原処分庁	請求人ら
以下のとおり、本件資金の原資は本件被相続人に帰属するものと認められ、また、本件被相続人と請求人Dとの間で贈与やその他の債権債務関係があったとは認められないことからすると、請求人Dには本件資金の給付を受けるべき法律上の原因はないため、本件被相続人は、請求人Dに対し、本件資金相当額の預け金返還請求権（不当利得返還請求権）を有している。	以下のとおり、請求人Dは、本件被相続人から、本件資金の原資を幼少の頃より一貫して贈与を受けてきたのであり、本件資金も請求人Dに帰属するものであるから、本件被相続人は、請求人Dに対し、本件資金相当額の預け金返還請求権を有していない。
(1)　本件資金は、その後、本件会社に現物出資された上場株式の取得原資に充てられているところ、当該取得原資について、本件被相続人が本件預金口座で運用した金銭であり、本件被相続人が請求人Dのために貯めていた金銭である旨を請求人Dが申述したこと、そして、上記の上場株式の購入手続やその資金の用意などの財産の管理・運用を本件被相続人が行っており、自身はその詳細を覚えていない旨を請求人Dが申述したことからすると、本件資金の原資は、本件被相続人が自らの財産を管理運用したものであることが認められる。	(1)　本件資金の原資は、請求人Dが幼少の頃より本件被相続人から贈与を受けたものである。 　そして、請求人Dは、昭和59年に就職すると同時に、請求人D名義の証券口座や預貯金などを管理運用するようになっており、本件会社の株式（平成18年5月1日より前は「出資」、以下同じ。）へ運用替えしたのも、請求人Dの判断に基づいたものである。 　なお、請求人Dの財産の管理運用を本件被相続人が行っていた旨を請求人Dが申述したとする原処分庁の主張部分は誤りである。すなわち、当該申述は、原処分庁所属の調査担当職員から本件被相続人の財産の管理運用方法について

問われたため、本件被相続人が管理運用していた旨回答したにすぎない。

(2)　本件被相続人が、本件資金を請求人Dに対し贈与する意思を表示したという客観的な証拠はなく、また、請求人Dにおいても、贈与を受けた詳細についての具体的な記憶がないことから、本件資金に係る贈与があったとは認められない。

(2)　本件被相続人は、○○を退職してからの管理記録及び贈与記録は保管していたが、多忙な○○時代の贈与については、記録及びそのことを証明する贈与税の申告書を残していなかったにすぎない。請求人Dにおいても、幼少の頃に本件資金の原資を贈与してもらったことは記憶している。

　また、①平成３年から本件相続開始日の間にも、本件被相続人は、請求人Dに対して、総額１億円を超える財産を贈与していたこと、②本件被相続人が毎年作成していた「総括表」と題する書面には、本件被相続人の財産として本件資金相当額の預け金返還請求権は記載されていないこと、③請求人Dは、本件資金を原資に取得された本件会社の株式から発生した配当金を取得していたが、それでも、本件被相続人から、当該預け金返還請求権について返済を求められたことがないことからすれば、本件被相続人も、本件資金の原資は、請求人Dに贈与されたものと認識していたことは明らかである。

⑤　**検討**

イ　資産の帰属の認定について

　　資産の帰属を認定するに当たっては、その名義が重要となること
はもちろんであるが、他人名義で資産の取得をすることも特に親族
間においてはみられることからすれば、その取得の原資を出捐した
のは誰か、その資産の取得を意思決定し、実際に手続を行ったのは
誰であるか、その管理運用を行っていたのは誰であるか等や、その
名義と実際に管理運用している者との関係を総合考慮して判断する
のが相当である。

ロ　本件資金の管理運用等の状況からの検討

　㈠　本件被相続人は、少なくとも平成７年までの間、本件総括表に、
　　　請求人Ｄらの財産を各人別に記載していた。

　㈡　また、本件被相続人は、請求人Ｄが昭和59年に就職する以前か
　　　ら平成17年11月９日までの間、本件預金口座の預金通帳に本件入
　　　出金メモを記載しており、本件入出金メモには本件入金資金のそ
　　　の後の使途についての記載もある。

　㈢　さらに、本件預金口座の預金通帳及び届出印は、少なくとも、
　　　請求人Ｄがｄ県勤務となった平成２年から本件自宅に居住するよ
　　　うになった平成18年までの間は、本件被相続人の自宅の金庫に保
　　　管され、当該預金通帳の記帳や本件入出金メモの記載は本件被相
　　　続人が行っていたことや、ｄ県勤務中の請求人Ｄの生活費は請求
　　　人Ｄの社内預金によって賄われていたことからすれば、本件預金
　　　口座の入出金を請求人Ｄが自ら行っていたとは認め難い。

　㈣　上記㈠ないし㈢のことからすると、平成18年に請求人Ｄがｅ市

勤務となり本件自宅に居住し、本件預金口座の預金通帳及び届出
印を本件自宅で自ら管理するようになるまでの間は、本件資金に
ついて、本件被相続人が管理運用していたものと認めるのが相当
である。

ハ 本件資金の原資の帰属について

　上記(1)のロ及びハのとおり、本件資金の原資の一部については、
その名義は判明しているものの、残りの原資に至っては、その名義
すら判明していない。

　しかしながら、資産の帰属の認定に当たっては、上記イのとおり、
その管理運用を行っていたのは誰であるか等や、その名義と実際に
管理運用している者との関係などを総合考慮して判断すべきもので
あるところ、上記ロの㈋のとおり、本件資金の管理運用は本件被相
続人が行っていたほか、本件預金口座及び本件Ｓ社株式の名義は本
件被相続人の長男である請求人Ｄであること、本件資金は約5,500
万円と多額であること、本件被相続人は多額の財産を有していたこ
と、本件被相続人以外の第三者（請求人Ｄを含む。）が本件資金の
形成に関与したことをうかがわせる事情は認められないことなどか
らすると、本件資金の原資は本件被相続人に帰属する財産であった
とみるのが自然である。

ニ 本件化体財産の帰属について

　㈜ 上記ハのとおり、本件資金の原資は、本件被相続人に帰属する
　　財産であったと認められ、上記ロの㈋のとおり、本件資金の管理
　　運用は本件被相続人が行っていたものと認められることから、上
　　記(1)のニの本件資金の運用から生じた本件化体財産は、本件化体

財産が生じた時点では、本件被相続人に帰属していたものと認められる。

㈠　しかしながら、その後、本件化体財産は本件相続開始日現在において請求人Dに帰属している。そして、①本件被相続人が平成17年に請求人Dに対して本件自宅の建築資金として700万円を贈与していること、②請求人Dが本件自宅を建築する際、本件化体財産の一部である本件○○貯金がその建築資金に充てられていること、③請求人Dが本件自宅に居住するようになった平成18年以降、本件預金口座の預金通帳及び届出印を請求人Dが自身で管理するようになったこと及び④請求人Dの本件株式の配当金に係る所得税又は所得税及び復興特別所得税の申告状況などを総合的に考慮すれば、本件化体財産の帰属は、平成18年頃に、贈与により請求人Dに移転したものとみるのが相当である。

ホ　本件資金相当額の**預け金返還請求権**の存否等について

上記ロ及びハのとおり、本件資金及び本件資金の原資の管理運用は、本件被相続人が行っていたものであり、そうであれば、本件入金資金を本件預金口座に入金したり、その後、請求人D名義の上場株式の購入資金に充てたりしたことは、本件財産の管理運用の一環として、請求人Dの名義で本件被相続人が実質的に行っていたものと認められること、上記ニの㈠のとおり、平成18年頃に本件化体財産は本件被相続人から請求人Dに贈与されていたことからすれば、そもそも本件資金相当額の預け金返還請求権は存在はおろか発生していたとすらいえない。したがって、これに反する原処分庁の主張は採用できない。

　　なお、上記ニの㈶のとおり、本件化体財産の贈与がされたのは、平成18年頃であることからすれば、相続税法第19条《相続開始前３年以内に贈与があった場合の相続税額》の適用も問題となることはない。

　ヘ　請求人らの主張について

　　請求人らは、前記④の「請求人ら」欄のとおり、請求人Ｄは本件被相続人から本件資金の原資を幼少の頃から一貫して贈与を受けてきたものであること、請求人Ｄは、昭和59年に就職すると同時に、請求人Ｄ名義の預貯金等の管理運用をするようになったことから、本件資金も請求人Ｄに帰属するものである旨主張する。

　　しかしながら、①本件資金の原資の贈与については、これを裏付ける的確な証拠はなく、かえって、本件被相続人が本件資金の原資を管理運用していたこと等の各事情に照らせば、本件資金の原資は、本件被相続人に帰属する財産であると認められる（上記ハ）。また、②本件預金口座の預金通帳には、昭和58年１月29日から平成17年11月９日までの間、継続して本件入出金メモがあること等の各事情に照らせば、本件預金口座の管理運用を請求人Ｄが行っていたとは認められない（上記ロ）。

　　したがって、この点に関する請求人らの主張は採用できない。

⑾　**大阪地裁昭和56年２月25日判決、大阪高裁昭和57年９月３日判決（被相続人が隠蔽又は仮装の行為を行っていた場合）**

①　**概要**

　相続人は、被相続人の行為により遺産の一部が隠蔽又は仮装されてい

たことを知りながらその状態を利用し、当該財産を相続財産から除外し過少な申告をしていた。

　この場合、その相続人は、隠蔽又は仮装の行為者といえるか。

② 　判示事項

　被相続人の隠蔽又は仮装の行為を知りながらその状態を利用する行為自体が、その相続人の隠蔽又は仮装の行為に当たる。

⑿　京都地裁平成 5 年 3 月19日判決（不当利得金返還請求事件）

〔判示事項〕

1　国税通則法68条 1 項（重加算税）に規定する「納税者が……納税申告書を提出したとき」とは、当該納税者本人が直接提出した場合に限らず、納税者から依頼を受けて申告手続を代行する第三者、即ち、履行補助者（履行代行者）が申告書を提出する場合も含まれるとされた事例

2　重加算税は、違反者の不正行為の反社会性ないし反道徳性を問題とする刑罰ではなく、一定態様の納税義務違反につき、義務違反者に不利益を負わせることにより、違犯の発生を防止し、徴税の実を挙げようとする趣旨の行政上の措置である（最判昭45.9.11刑集24巻10号1333頁参照）から、客観的にみて隠ぺい、仮装がなされ、それに基づいて過少申告という納税違反の状態が生じていたことが重要であつて、隠ぺい、仮装行為を納税者自身が行つたか、その代行者が行つたかということは、刑罰におけるほど重要な意味を持たず、その補助者のした申告の効果・態様は、そのまま、納税者自身の申告となりその行為・態様と同視される。

3　納税者が、<u>第三者に申告を一任し</u>、これを納税申告の<u>履行補助者と</u>
　<u>して使用した以上</u>、その者の申告行為は納税者がしたものと取り扱う
　べきであり、したがつて、右履行補助者が仮装・隠ぺい行為を行つた
　場合、納税者自身が右仮装・隠ぺいについて認識を欠いていたとして
　も、右履行補助者の申告の有無、態様は、そのまま納税者の行為とな
　り、納税者がその責任を負うことになるとされた事例

4　国税通則法68条（重加算税）にいう「<u>隠ぺい</u>」とは、故意に税額等
　の計算の基礎となるべき事実を隠匿し又は脱漏することをいうから、
　納税者が被相続人の死亡直前に同人名義の預金を自己及びその家族名
　義に変更した行為は、脱税等の計算の基礎となるべき事実を隠ぺいし
　たものというべきであるとされた事例

2　所得税

(1)　昭和51年5月28日裁決（仮名取引による株式売買の所得が欠損であって、しかも実名のみによる売買回数や株数が所令26条2項規定の課税要件に達していることから、意図的に課税を免れようとして隠ぺい仮装しようとした事実が認められないとして重加算税の賦課決定処分を取消した事例）

〔概要〕

　請求人は、多数の証券会社を通じて実名及び仮名をもって株式の売買をしているが、株式売買のうち、仮名取引による部分の所得は欠損であることが認められ、また、請求人の株式売買は実名のみによる取引の売買回数及び株数だけで所得税法施行令26条2項に規定する課税対象となる売買回数等の要件に達しており、株式の売買取引を意図的に課税を免れるため、50回以上、200,000株以上に達しないように一部を仮名取引にするなどの方法で隠ぺい仮装したとする事実は認められないので、隠ぺい仮装したところに基づいて納税申告書を提出していたときに当たらないから、重加算税の賦課決定処分のうち、過少申告加算税相当額を超える部分の金額はこれを取消すのが相当である。

(2)　大阪地裁昭和36年8月10日判決（所得税額更正ならびに重加算税賦課処分取消請求事件）

①　概要

　家族、使用人等の従業者が納税義務者のため所得税額計算の基礎となる事実を隠ぺいまたは仮装した場合において、その事情を知らずに無申

告または過少申告をした納税義務者に対し重加算税賦課処分をすることの適否

② **判決要旨**

　重加算税の制度上、<u>従業者の行為は納税義務者本人の行為と同視すべきであるから</u>、家族、使用人等の従業者が納税義務者のため所得税額計算の基礎となる事実の隠ぺいまたは仮装をした場合においても、右事情を知らずに、隠ぺい仮装したところに基づき納税義務者が過少申告をしまたは確定申告をしなかったときは、納税義務者に対し重加算税を賦課すべきものと解するのを相当とする。

(3)　**平成12年10月18日裁決（請求人が開設者等として名義貸しした診療所の事業所得が記載された請求人名義の所得税確定申告書の効力及び隠ぺい仮装行為の有無が争われ、請求人の主張を排斥した事例）**

① **裁決の要旨**

　確定申告は、納税者の判断とその責任において、申告手続を第三者に依頼して納税者の代理又は代行者として申告させることもできるが、その場合であっても、納税者が第三者に申告手続を一任した以上、<u>その者がした申告は納税者自身が行ったものとして取り扱うべきである</u>。

　請求人は、平成５年分については、源泉徴収票を本来の当該診療所事業者（以下、「事業者」という。）らに渡し、平成６年分については、すでに勤務先の病院を退職しているにもかかわらず、確定申告書の用紙及び源泉徴収票を事業者らに渡しているのであって、<u>請求人は、その確定申告手続の代行を事業者らに一任したものといわざるを得ない</u>。

　請求人は、事業者らに依頼したのは、その給与所得の申告手続のみで

あり、本件事業所得の申告手続は依頼していない旨の主張もするが、請求人は、本件事業所得の金額も記載された平成6年分所得税の更正の請求書を提出している上、本件事業所得の申告により高額となった住民税を事業者らに負担させていること、さらに、所得税法第232条第1項の規定により財産及び債務の明細書を提出しなければならないのは総所得金額及び山林所得金額の合計額が2千万円を超える場合に限られるところ、請求人は、平成6年分の所得税について、本件事業所得の金額が加算されたことにより総所得金額が2千万円を超えたとして財産及び債務の明細書を提出していることからすると、やはり請求人は本件事業所得の申告手続についても事業者らに依頼していたというべきである。

　請求人は、当該診療所の実質的な経営者ではないにもかかわらず、事業者から開設者及び管理者となることを依頼されて、これを承諾し診療所の開設届を提出して、自ら本件事業所得が請求人の所得であるかのように装っただけでなく、請求人から確定申告手続の依頼を受けた事業者においても、本件事業所得が事業者自身の所得であることを承知の上、当該診療所の事業に係る収入及び経費の管理並びにこれらの入出金を請求人名義の銀行口座を使用して行い、請求人名義で発行された支払基金からの支払調書を添付して、本件事業所得が請求人の所得であるように装って、これに基づき還付金に相当する税額を過大に申告しているのであって、これらのことは、本件各年分において国税通則法第68条第1項に規定する場合に該当する。

3　法人税

(1)　東京地裁昭和58年（行ウ）第34号法人税更正処分取消請求事件（棄却）（確定）（東京地裁平成 3 年 5 月15日判決）

〔判示事項〕

1　原告会社は、真実の仕入れをしたかのように納品書、請求書及び領収証等の取引関係資料を作成し、これらに基づいて仕入金額を仕入勘定に計上した上、その仕入代金の支払のためであるかのように約束手形を振り出し、これを原告会社の開設した仮名普通預金口座において取り立てていたものと認められるから、右仕入代金として計上した金額は、全て架空仕入と推認するのが相当であるとされた事例

2　原告会社は、A社から架空の取引内容を記載した納品書及び請求書の発行を受けて、A社に仕入代金支払のために約束手形又は小切手を振り出し、他方、A社は、原告会社へ納入した商品の仕入先に支払ったかのように仮装して仕入代金の支払小切手を振り出し、右小切手をA社の裏書で現金化した上で原告会社に戻していたものと認められるから、A社からの仕入取引に係る仕入代金として計上した金額は、すべて架空仕入れであるとされた事例

3　原告会社は、B社から架空の納品書、請求書及び領収書の発行を受けて、B社に仕入代金支払のために約束手形を振り出し、他方、B社から右約束手形に見合う見返り手形の発行を受けて、これを原告会社の開設した仮名普通預金口座において取り立てていたものと認められるから、B社からの仕入取引に係る仕入代金として計上した金額は、すべて架空仕入れであるとされた事例

4　原告会社は、Cに依頼して、架空の仕入取引の内容を記載した納品書及び請求書の発行を受け、その仕入代金の支払のためであるかのように仮装して同人に対して小切手あるいは約束手形を振り出し、小切手については、原告会社自ら裏書により現金化し、約束手形については、原告会社が開設した仮名普通預金口座において取り立てて回収していたものと認められるから、同人との仕入取引に係る仕入代金として計上した金額は、すべて架空仕入れであるとされた事例

5　原告会社は、D建設に対して本件土地を2億4,000万円で譲渡しながら、その譲渡益8,000万円を隠ぺいするため、D建設と通謀して、売買代金額を1億6,000万円とする売買契約書を作成し、1億6,000万円のみを収益に計上するとともに、譲渡益8,000万円については、簿外の裏金とし、これをE社が受領したかのように仮装したものと推認されるから、右8,000万円は、原告会社の譲渡益の計上もれであるとされた事例

6　本件土地の譲渡益8,000万円について、原告会社の系列会社であるE社が自らに帰属するとして修正申告をしているとしても、それは右8,000万円の帰属についてのE社の主観的な評価を表わすものにすぎないとして右8,000万円が原告会社に帰属する収益であると認定することの妨げになるものではないとされた事例

7　架空の仕入取引の内容を記載した納品書及び請求書の発行を受けあるいは売買代金を圧縮した売買契約書を作成していた場合、重加算税（通則法68条1項）の賦課決定処分が適法とされた事例

8　原告会社は架空仕入を計上していたものと認められるとして、右架空仕入を計上した事業年度に遡つて行つた青色申告承認の取消処分が

適法とされた事例

(2)　東京地裁平成 3 年 1 月31日判決（法人税の重加算税の賦課決定処分 取消請求事件）

①　概要

本件決算書及び確定申告書の作成に当たつて、原告会社代表者は故意 に本件有価証券売却益が存在することを秘して、所得金額を過少に申告 していたものといわざるを得ないとして、重加算税の賦課決定処分は適 法であるとされた事例

②　判示事項

原告会社の毎事業年度の営業利益が5,000万円程度あるのと対比して、 その年間の営業利益をもはるかに上回る6,628万9,753円もの多額の本件 有価証券売却益の存在を、原告代表者が失念していたというのは、容易 に信じ難い事態というべきであり、原告代表者は本件有価証券売却益が 存在することを秘して、所得金額を過少に申告していたといわざるを得 ないから、重加算税の賦課決定処分は適法である。

(3)　名古屋地裁平成 4 年12月24日判決　第45号重加算税賦課決定処分取 消請求事件（棄却）（確定）

〔判示事項〕

1　国税通則法68条（重加算税）に規定する重加算税の賦課要件

2　期間中における経理処理等の際に、課税要件の事実についてこれを 隠ぺい又は仮装することについての認識がある場合には、納税者が故 意に課税標準等又は税額等の計算の基礎となる事実の全部又は一部を

隠ぺいし、又は仮装したものというべきであり、右のような隠ぺい・仮装に該当する以上、重加算税（通則法68条）の賦課要件として<u>納税者において租税負担を回避する意図を有していたか否かは関係がないもの</u>というべきであるとされた事例

3　在庫商品の評価の操作によるたな卸資産の過少計上は、具体的な根拠もないのに、原告会社代表者の指示のもとに、経理課長がたな卸合計表の在庫金額を減額していたのであるから、納税者が故意に課税標準たる所得金額の計算の基礎となる事実の全部又は一部を隠ぺい・仮装したことに当たるとされた事例

4　国税通則法24条ないし27条に規定する調査の意義

5　重加算税の賦課決定のための調査は通常の調査でなければならず、課税要件事実の認定に当たつて納税者の不利益に刑事手続の結果を利用することは許されない旨の原告会社の主張が、右調査には刑事手続の資料を使用して課税標準を認定することも含まれるとして排斥された事例

6　<u>重加算税賦課制度の趣旨目的からすれば、会社の従業員等であつても、会社の営業活動の中心となり、実質的にその経営に参画している者が隠ぺい・仮装行為をした場合には</u>、重加算税の賦課要件を満たすとされた事例

7　原告会社の<u>常務取締役</u>が、その担当業務に関して、仕入金額を架空計上することにより隠ぺい・仮装行為を行つたものである以上、仮にそれが同人の私的利益を図るための横領行為の一環として行われたものであつても、<u>原告会社</u>による隠ぺい・仮装行為に当たるというべきであるとされた事例

8　原告会社の<u>経理課長</u>は、原告会社代表者の指示のもとに、仕入先名義を使用して、事実に反する仕入れを作出していたのであるから、右行為は<u>原告会社</u>が故意に課税標準たる所得金額の計算の基礎となる事実の全部又は一部を隠ぺいし、又は仮装したことに当たるというべきであるとされた事例

9　原告会社<u>代表者は</u>、返品の事実がないにもかかわらず、元帳を改ざんして売上金額を過少にしたものと認められるから、右行為は原告会社が故意に課税標準たる所得金額の計算の基礎となる事実の全部又は一部を隠ぺい・仮装したことに当たることは明らかであるとされた事例

---

(4)　**平成30年9月21日裁決　（重加算税／代表者個人名義のクレジットカードにより支払われた飲食代金）**

　　飲食等代金の全てについて、請求人の代表者が個人的な費用であることを認識しながら請求人の費用として計上したとは認められず、本件各飲食等代金について、国税通則法第68条第1項に規定するところの隠蔽又は仮装の事実は認められないとされた事例

〔裁決の要旨〕

1　本件は、審査請求人が、原処分庁所属の職員の調査を受け、交際費勘定等に計上した費用は損金の額に算入されないなどとして法人税等の修正申告書を提出したところ、原処分庁が、当該費用については、請求人の代表取締役である甲の個人的な飲食等の費用を損金の額に算入したという隠蔽又は仮装の事実があったなどとして法人税等に係る重加算税の賦課決定処分をしたのに対し、請求人が、隠蔽又は仮装の

事実はないとして、原処分の一部の取消しを求めた事案である。

2　甲は、調査担当職員に対し、平成25年7月以降の各カードの利用による飲食代の全てが個人的な飲食代である旨申述しているが、当該申述の内容は、本件各飲食等代金について概括的に述べたものであり、個々の支出について言及したものではなく、具体性が乏しい上、その内容を裏付ける客観的証拠は認められない。そして、甲は、当審判所に対し、質問応答記録書に署名及び押印したものの、その内容は全て真実に反しており、本件各飲食等代金は、個人的な飲食等に係る金額ではなく全て交際費である旨答述している。

3　その他の証拠及び当審判所の調査によっても、本件各飲食等代金の全てについて甲の個人的な飲食等に係る金額であることを推認させるに足りる証拠はない。また、各飲食等代金の全てについて、甲が個人的な飲食等に係る金額であることを認識しながら、請求人の各事業年度の総勘定元帳の各費用勘定に計上したとする仮装の事実を認めるに足りる証拠もないことからすれば、各飲食等代金の全てについて、個人的な費用であることを甲が認識しながら各費用勘定に請求人の費用として計上したとは認められない。したがって、本件各飲食等代金について、国税通則法第68条第1項に規定するところの隠蔽又は仮装の事実は認められない。

4　請求人と甲との間において、本件各飲食等代金を基礎として算出された金額を請求人から甲に対する貸付金とする旨の合意があり、金銭消費貸借契約書が作成されたことが認められる。しかしながら、当該貸付金の発生の基因となる事実について、隠蔽又は仮装の行為があったとは認められないことからすれば、請求人が故意に当該貸付金の計

上を脱漏していたものとは認められない。したがって、当該貸付金に係る利息についても、通則法第68条第1項に規定するところの隠蔽又は仮装の事実は認められない。

5　原処分庁は、①各カードがいずれも甲の個人名義のカードであること、②甲が、本件各飲食等代金は請求人の業務に関連するものではなく、甲の個人的な飲食等に係る金額である旨申述していること及び③「××」の利用状況を隠蔽又は仮装の事実であったとする主張の根拠としている。

　　しかしながら、本件各カードが甲の個人名義のカードであることのみをもって、本件各飲食等代金は甲の個人的な飲食等に係る金額であるとまではいえない。

---

(5)　令和元年6月20日裁決　（損金の額の範囲／直接取引している業者に宛名を変えて作成させた請求書）

　　請求人は委託先に対し、業務の対価に係る請求書の宛名をA社とさせた上で請求人の納税地に送付させ、代表者がA社名で代金を振り込むことなどにより、請求人がA社から商品を仕入れたという架空取引に係る仕入金額を計上していたというべきであり、これら仕入金額は各事業年度の損金の額に算入されず、課税仕入れにも該当しないと判断された事例

〔裁決の要旨〕

1　本件は、審査請求人が、法人税の所得金額の計算上損金の額に算入し、また、消費税の課税仕入れに係る支払対価の額に含めた商品仕入れに係る金額について、原処分庁が、請求人が主張する仕入先から商

品を仕入れた事実はなく当該金額は損金の額に算入されないなどとして、法人税等及び消費税等の各更正処分並びに重加算税の各賦課決定処分をしたのに対し、請求人が、当該仕入先から商品を仕入れた事実はあるなどとして、原処分の一部の取消しを求めた事案である。

2　A社は、所在地に法人登記がない上、事務所を設置した事実もなく、請求人は、A社の所在地又は事業所を知らなかったと認められる。また、当審判所に対して本件商品を仕入れていたと主張する各事業年度におけるA社への連絡方法等を明らかにしないことからすれば、請求人及び代表者は、A社に対する連絡手段を有していなかったことが認められる。

3　請求人が主張する本件商品に係るA社との取引は、帳簿上、各事業年度の全ての事業年度において、1回当たり1千万円を超える金額の継続的な現金取引として処理されているところ、請求人がそのような高額な現金取引に当たって通常把握しているべき取引先の所在地や電話番号といった基本的な情報を知らず、A社に対する連絡手段を有していなかったことからすれば、会えるかどうかも分からない取引先に面談のみで請求人の事業の主たる商品を発注していたとは通常考えられず、請求人は、A社に対して、本件商品の発注をすることは不可能であったというべきである。

4　請求人がA社に対して本件商品を発注することは不可能であったことから、請求人とA社との間で契約関係があったとは認められない一方で、各委託先は各業務を請求人から直接受託し、請求人は各委託先に対し、各業務の対価を自ら負担して支払っていたことから、請求人と各委託先との間で各業務に係る契約関係があったと認められる。そ

して、本件商品の原材料の仕入れから製造までの流れは各委託先を経
て行われているところ、当審判所の調査によっても、その他の商品の
製造ルートは認められないことからすれば、請求人が各委託先を経ず
に商品を調達することはできないから、請求人が契約関係のないＡ社
から商品を仕入れた事実は認められず、請求人は各委託先に各業務を
直接委託した上で、商品の製造業務を行っていたと認められる。

5　なお、請求人が保存しているＡ社が作成したとする各仕入金額に係
る請求書及び領収書は、請求人が、Ａ社から商品を仕入れていなかっ
た以上、代表者が自ら作成したもの又は第三者に依頼して作成させた
ものであると推認され、当該請求書及び領収書に基づく各仕入金額は、
Ａ社から商品を仕入れた事実のない架空取引に係る仕入金額が計上さ
れたものというべきである。したがって、本件各仕入金額は、法人税
法第22条第３項各号に規定する損金の額に算入すべき金額のいずれに
も該当しないから、本件各事業年度の損金の額に算入することはでき
ない。

6　請求人は、Ａ社から商品を仕入れた事実のない架空取引に係る仕入
金額に基づき算出した各税込仕入金額を、課税仕入れに係る支払対価
の額に含めていたというべきである。したがって、本件各税込仕入金
額は、消費税法第２条第１項第12号に規定する課税仕入れに該当せず、
本件各課税期間の課税仕入れに係る支払対価の額に含めることはでき
ない。

7　請求人は、代表者又は従業員からの連絡を通じて、各委託先に対し、
各業務の対価に係る請求書の宛名をＡ社とさせた上で請求人の納税地
に送付させ、代表者がＡ社名で当該請求書の代金を振り込むことなど

により、各委託先に各業務を直接委託した上で商品の製造業務を行っていた事実がなかったかのような外形を作出し、A社から商品を仕入れた事実がないことを認識しながら、架空取引に係る請求書及び領収書に基づき、本件帳簿を作成していたものと認められる。その上で、請求人は、本件帳簿に基づき、各仕入金額を各事業年度の損金の額に算入し、各税込仕入金額を各課税期間の課税仕入れに係る支払対価の額に含めて、各事業年度の法人税、平成29年8月課税事業年度の地方法人税並びに各課税期間の消費税等の各確定申告書を提出したことが認められる。この事実は、請求人が帳簿書類への虚偽記載の方法により仮装の経理を行っていたものであり、国税通則法第68条第1項に規定する仮装の事実があったと認められる。

8　よって、審査請求には理由がないから、これを棄却することとし、主文のとおり裁決する。

(6)　東京地裁平成24年9月21日判決（代表者の父母に支払った役員報酬及び役員退職給与）

〔判示事項〕

1　本件は、飲食店の経営等を目的とする株式会社である原告が、原告の取締役としての登記がされていた原告代表者の父母に役員に対する給与を支給したことを前提とする内容の各確定申告書等を提出したところ、日本橋税務署長から、原告は、役員報酬等の支給の事実がないにもかかわらず、帳簿書類に取引の一部を仮装して記載し又は記録したと認められる等として、青色取消処分及び各更正処分等を受けたため、それらの取消しを求めた事案である。

2　争点は次のとおりである。

(1)　代表者父に役員退職金を支給した旨の帳簿書類の記載が取引を仮装してされたものか否か

(2)　代表者父母名義の各預金口座の各受取利息が原告に帰属するか否か

(3)　青色取消処分の適法性

(4)　各更正処分等の適法性

3　本件役員報酬等の振込みに係る事情を踏まえてそれが役員に対する給与の支給に当たらないとすることは、代表者父母が原告の法令上の取締役であるか否かと直接関わるものではないし、代表者父母が本件各事業年度当時において原告の経営に従事していたことや代表者父母名義の各普通預金口座の預金者が代表者父母であることを根拠付けるものとして原告が主張するような事実を的確に裏付ける証拠ないし事情があるとはいえない（なお、集金の手伝い等は、法人の役員としての経営への従事に当然に当たるものとまでは考え難い。）。

4　原告のその余の主張を考慮しても、代表者父に本件役員退職金を支給した旨の帳簿書類の記載は、取引を仮装してされたものと認められる。

5　原告が、平成15年7月期において、その帳簿書類に代表者父に対して3,000万円の本件役員退職金を支給した旨の取引を仮装して記載したことは、前記4に述べたとおりであるから、青色取消事由に該当する事実があるものと認められる。

6　本件青色取消通知書には、青色取消処分の基因となった事実として、原告が、平成15年7月期において、取引の事実のない代表者父につき

役員に対する給与の支給を計上した旨が記載され、また、本件青色取
消処分をする旨が記載されているといえるから、本件青色取消処分は、
理由付記を欠いたものとはいえない。

7　日本橋税務署の担当職員は、本件各通知書を送達するために原告の
事務所を訪れ、その際、応対したアルバイトと称する者から、原告代
表者及びその妻が不在のため、本件各通知書を預かり、原告代表者に
渡しておく旨の申出を受けたものの、応対した者の地位等につきなお
疑念があったことから、本件各通知書を確実に送達するべく本件各通
知書を併せて入れた封筒を原告の事務所のポストに投かんしたことが
認められ、その他本件各通知書の送達の手続の適法性に疑問を生じさ
せるような証拠ないし事情は見当たらない。

　　したがって、本件各通知書については、同日、適法に送達され、そ
の送達の効力を生じたものと認めるのが相当である。

---

(7)　大阪地裁平成9年9月4日判決（大阪地裁平成6年（行ウ）第89、90、91号法人税更正処分等取消請求事件（一部取消し）（確定））

〔判示事項〕

1　法人税法50条（交換により取得した資産の圧縮額の損金算入）の規
定に係る固定資産に該当するか否かについて、原告会社が本件交換譲
渡土地を商品土地の仕入れとして経理処理し、棚卸資産に計上し、法
人税の確定申告においても棚卸資産としていたことから、本件交換譲
渡土地は、固定資産ではなく棚卸資産であると認定された事例

2　交換譲渡土地の価額の算定方法において、課税庁が行なった原告会
社の当該土地の取得価格に地価の上昇率を乗じて算出する方法は、当

該取得価額が適正であることを前提として合理性を有するものといえるところ、当該取得価額は、取引事例や公示価格より高額なもので客観的な価額に比して高額であるから適正なものとはいえず、これを基礎とした課税庁主張の本件交換譲渡土地の価額は採用できないとされた事例

3　交換譲渡土地及び交換取得土地の価額の算定方法において不動産鑑定士が行った鑑定評価を不合理とする事情がないから、右鑑定額をもって当該土地の価額と認めるのが相当であるとされた事例

4　本件交換における交換差額は、原告会社が原告会社の事業に関係のある訴外甲に対して贈答その他これに類する行為のために利益供与として提供したものであると推認できるから、右金額は、租税特別措置法62条3項に規定する交際費等に該当するとされた事例

5　原告会社が訴外会社に対して貸付金を有していたとして行われた貸付け利息の認定課税について、右貸付金は存在しないとの原告会社の主張が、原告会社と訴外会社との関係、貸付金の使途となった企画手数料の支払いの経緯等から、原告会社が訴外会社に代わって右企画手数料を約束手形で交付することにより、訴外会社に貸し付けたものと認めることが相当であるとして排斥された事例

6　原告会社の取締役として営業及び経理を担当し名目的にも実質的にも常務取締役であったと認められる立場にある者が、本件仲介手数料を原告会社名義で支払先に支払いながら、その返還を受けていた場合には、右返還は原告会社が返還を受けたのと同視できるから、本件仲介手数料を損金算入することはできないとされた事例

7　国税通則法68条1項に規定する重加算税の制度は、隠ぺい又は仮装

65

に基づく過少申告に対し、特に重い負担を賦課することにより納税義務違反の発生を防止し、申告納税制度を維持するところにある。このような趣旨からすると、納税者が法人である場合、法人の従業員であっても、その者の行為が納税者の行為と認められれば、その者が代表者ではなく、また代表者がその者の行為を知らなくとも、なお、重加算税の対象となるのである。

8　常務取締役として、営業及び経理を担当していた者の行なった行為が、原告会社の国税通則法68条1項に規定する「隠ぺい又は仮装」の行為に該当するとされた事例

> (8)　大阪地裁平成10年10月28日判決（大阪地裁平成8年（行ウ）第86ないし90号法人税更正処分等取消請求事件）（一部取消し）
> 【売上除外／従業員の横領損失と損害賠償請求権／重加算税の行為の主体】

〔判示事項〕

1　青色申告者に対する更正処分については、処分庁の判断の慎重さ、合理性を担保してその恣意を抑制するとともに処分の理由を相手方に知らせて不服申立ての便宜を与える趣旨から、理由を附記しなければならないものとされているが、かかる理由附記制度の趣旨・目的は、理由附記の不備が更正の取消事由とされ、その不備は後日の裁決等による理由附記によって治癒されないものと解することによって十分担保され得るのであって、理由附記制度が、右のような趣旨、目的を超えて、更正処分の取消訴訟における主張制限の効果まで有するものと解すべき法令上の根拠は存在しないといわざるを得ず、また、白色申

告に対する更正処分の場合であっても、これに対する異議決定や裁決については、同様の趣旨から理由の附記が要求されているにもかかわらず白色申告に対する更正処分の取消訴訟においては、異議決定等に附記された理由に拘束されず、理由の差替えが許されるものと解されているところ、これとの均衡を考えると、青色申告に対する更正処分についてのみ、理由の差替えが許されないものと解することは困難というほかないから、青色申告に対する更正処分の取消訴訟において少なくとも被処分者に格別の不利益を与えるものでない場合は、処分理由の差替えが許されるものというべきである。

2　法人税法は、収益を計上すべき事業年度を決するについて、所得税法と同様、原則として発生主義のうちの権利確定主義を採用しているのであって、右にいう権利確定とは法律上その権利を行使することができるようになったことをいうものと解されるところ、横領という不法行為による損害賠償請求権についても通常の金銭債権と特に異なる取扱をすべき理由は存在しないから、法律上権利行使が可能となったとき、即ち、横領という不法行為によって損害賠償請求権が発生したとき、右権利が確定し、これを当該事業年度の収益に計上すべきものというべきである。もっとも、右に説示した同時両建による損益計上の方法によっても、横領による損害賠償請求権が取得当初から明白に実現不能の状態にあった場合には、直ちに当該事業年度の損金として算入することを妨げられないものというべきである。

3　国税通則法68条に規定する重加算税は同法65条ないし67条に規定する各種の加算税を課すべき納税義務違反が課税要件事実の隠ぺい又は仮装という不正な方法によって行われた場合に、違反者に対して課さ

れる行政上の措置であって、故意に納税義務違反を犯したことに対する制裁としての刑罰ではないから、従業員を自己の手足として経済活動を行っている法人においては、隠ぺい・仮装行為は代表者の知らない間に従業員によって行われた場合であっても、原則として、法人自身が右行為を行ったものとして重加算税を賦課することができるものというべきであり、本件において、従業員は、決算や確定申告に関わる帳簿・資料の作成を任されていた主要な経理職員であって、その隠ぺい・仮装行為は、長期間にわたって行われこれによる売上除外等の額も多額に上り、容易に発見できるものであったにもかかわらず、原告会社は、従業員に対して経理処理を任せ切りにして、何らの管理・監督もしないまま放置してきたものであるから原告会社に対して重加算税を賦課することは適法というべきである。

4　消費税

(1)　平成23年 4 月19日裁決（免税事業者であるにもかかわらず課税事業者であるかのように装い、基準期間の課税売上高が1,000万円を超えている旨の虚偽の記載をして修正申告書を提出した行為は、重加算税の賦課要件である「隠ぺい又は仮装の行為」に当たるとした事例）

① 概要

　この事例は、重加算税の賦課要件である「隠ぺい又は仮装の行為」の該当性の判断に当たり、平成12年 7 月 3 日付課消 2 －17ほか 5 課共同「消費税及び地方消費税の更正等及び加算税の取扱いについて（事務運営指針）」の第 2 のⅣの 5 の趣旨を明確にした上で、その該当性を認めたものである。

② 要旨

　請求人は、基準期間の課税売上高は、当該課税期間の課税標準等又は税額等の計算の基礎となるべき事実ではないから、基準期間の課税売上高が1,000万円を超えているかのように装った同期間の修正申告書を提出した行為は、重加算税の賦課要件である隠ぺい又は仮装行為に当たらず、また、平成12年 7 月 3 日付課消 2 －17ほか 5 課共同「消費税及び地方消費税の更正等及び加算税の取扱いについて（事務運営指針）」の第 2 のⅣの 5 の定め（本件留意事項）に準じて解釈すれば、本件は「重加算税を課すべきこととならない」ときに該当するから、重加算税の賦課決定処分は違法である旨主張する。

　しかしながら、国税通則法第68条《重加算税》第 1 項に規定する事実の隠ぺいとは、売上除外、証拠書類の廃棄等、課税要件に該当する事実

69

の全部又は一部を隠すことをいい、事実の仮装とは、架空仕入れ、架空
契約書の作成、他人名義の利用等、存在しない課税要件事実が存在する
ように見せかけることをいうと解するのが相当であるところ、請求人が
免税事業者であるか課税事業者であるかは、消費税等の納税義務者に該
当するか否かという課税要件事実そのものであり、不正に消費税の還付
を受けるため、免税事業者であるにもかかわらず課税事業者であるかの
ように装って確定申告書を提出した行為は、重加算税の賦課要件を充足
する。

　なお、本件留意事項は、基準期間の隠ぺい又は仮装行為が、客観的に
みて課税期間の課税標準等又は税額等の計算の基礎となるべき事実の隠
ぺい又は仮装行為と評価できない場合には、重加算税の賦課要件を満た
さないことに留意すべき旨を定めたものにすぎないと解すべきであり、
基準期間の課税売上高の仮装行為が、課税期間の課税標準等又は税額等
の計算の基礎となるべき事実の仮装に該当すると評価できる本件は、本
件留意事項が定める場合とは前提を異にするというべきである。

【参考】
　消費税の事業者を仮装し、還付申告書を提出した場合の重加算税賦課要件に
ついて、判示した大阪高裁平成16年9月29日判決があります。
（要旨）
「還付申告書は、訴外会社に帰属する取引を納税者に帰属すると仮装した内容
であること、納税者は、内容が虚偽であると認識した上でこれらの書類の一部
に署名・押印し課税庁に提出したこと、申告に先駆け、個人事業の開業等届出
書、消費税課税事業者選択届出書等を作成・提出することにより、自己が個人
事業者であることを装い、もって、消費税の還付申告手続等を行いうるように
したことが認められ、内容虚偽の還付申告書があたかも正当なものであるかの
ように体裁を整えたものというべきであり、国税通則法68条1項（重加算税）
に規定する「隠ぺい、仮装」の要件を充足することは明らかであるとされた」

〔参考１〕重加算税の賦課割合等

○　重加算税の額の計算は、次のようになります。

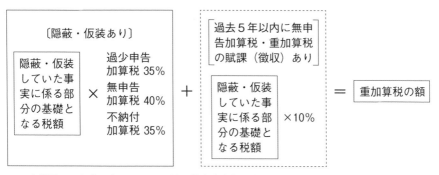

※　点線囲みは平成29年１月１日以後に法定申告期限等が到来する国税から適用する。

重加算税 （通則法68） ○　次のいずれにも該当する場合 ①　各加算税が課される要件に該当すること ②　課税標準等又は税額等の計算の基礎となるべき事実を隠蔽又は仮装していたこと ③　②に基づき、申告書を提出し、又は法定申告期限までに申告書を提出せず、又は法定納期限までに納付しなかったこと （通則法68①、②、③）	過少申告加算税に代えて課す場合	35% （通則法68①）	[10%] ○　調査による期限後申告等・決定等・納税の告知・納付があった日の前日から起算して５年前の日までの間に、その国税に属する税目に調査による無申告加算税又は重加算税を課され、又は徴収されたことがある場合 （通則法68④）
	無申告加算税に代えて課す場合	40% （通則法68②）	
	不納付加算税に代えて徴収する場合	35% （通則法68③）	

○　「偽りその他不正の行為」との関係

(1)　意義

　　　個別税法に設けられている罰則規定（所法238、法法159、相法68
　　等）及び7年の除斥期間（通則法70⑤）については、「**偽りその他不
　　正の行為**」が用いられ、重加算税の課税要件については「**隠蔽又は仮
　　装**」が用いられている。

　　　用語が違う理由として、①刑罰にあっては、反社会的、反道徳的行
　　為一般に対して制裁を加えるという要請から、その要件は行為の態様
　　のいかんを問わない抽象的なものとならざるを得ず、他方、②重加算
　　税にあっては、適正・公平な税務執行を妨げ、課税を免れた行為に対
　　する行政制裁であり、また、行政機関の判断による制裁であることか
　　ら、裁量の範囲が余り大きくならないように、外形的、客観的基準
　　（隠蔽又は仮装）により規定することが必要であるからとされている。

(2)　両者の違い

　　　重加算税の課税要件である「**隠蔽又は仮装**」と罰則規定における
　　「**偽りその他不正の行為**」とは、現実には多くの場合相互に一致して
　　重なり合うものであるが、厳密には別個のものである。また、重加算
　　税の課税要件と7年の除斥期間が適用される場合の「偽りその他不正
　　の行為」との関係は、一般には、後者は前者を含むより広い概念であ
　　ると解されているほか、それぞれの規定に即した適用要件があること
　　から、おおむね重なり合うものの重複しない部分があり得るとも考え
　　られており、7年の除斥期間が適用されても重加算税は課されないと
　　いうことがあり得る。

　　　一方、「偽りその他不正の行為」は、罰則規定と7年の除斥期間に

おいて同じ表現となっており、意義としての大きな違いはないが、脱
税犯訴追の現実の処理に当たっては、社会的非難性が高く、可罰的違
法性の大きいものが選定されざるを得ず、具体的事案においては、必
ずしも互いに重なり合うものではない。

〔**参考2**〕**最近の調査の状況**

　相続税はじめ各税目の調査の状況については、毎事務年度国税庁から報道発表があり、国税庁ホームページに掲載されていますので、参考にしてください。

　令和4事務年度における調査状況（令和5年末発表）によると、全般的にコロナ禍直前の令和元年度から一時落ち込んだ数字も回復基調にあると思われますが、まだ以前ほどには回復してないところも見られます。各税の主な取り組み状況は以下の通りです。

【相続税】

　相続税の調査については、簡易な接触の積極的な取り組みなどの工夫やDX・IT化の進展などで重加算税対象事案の選定や調査手法に工夫が見られるなど効果的・効率的な調査手法への取り組みが積極的に行われていますので、専門家の皆様も引き続き調査に関する課税当局の情報収集を行うと共にその対策を行う必要があります。

　令和4事務年度の相続税の調査等の状況は、資料1の通りです。

【所得税】

・富裕層に対する調査に力を入れている状況が見られ、令和4事務年度の申告漏れ所得金額の総額が過去最高となっています。

・海外投資等を行っている個人に対する調査も積極的に行われています。

※大阪国税局は所得税調査において、資料2の「重加算税賦課判定表」を導入しているので、参考にしてください。

【法人税】

・消費税還付申告法人に対する調査や海外取引法人等に対する積極的な取組（法人税・源泉所得税）が見られます。

・それぞれの実地調査における不正所得金額及びそれに伴う加算税や不正
　計算があった件数及びそれに伴う追徴税額も前年より大きくなっていま
　す。

資料1

〔令和4事務年度　相続税の調査等の状況〕　　　　（令和5年12月）

	実地調査件数①	非違件数②	重加算税賦課件数③	③÷②↓(重加算税割合)	申告漏れ課税価格	1件当たりの申告漏れ課税価格
全　体	8,196件	7,036件	1,043件	14.8%	2,630億円	3,209万円
札　幌	234件	202件	24件	11.9%	60億円	2,573万円
仙　台	446件	375件	48件	12.8%	149億円	3,331万円
関　信	1,313件	1,077件	245件	22.7%	348億円	2,653万円
東　京	1,883件	1,613件	234件	14.5%	728億円	3,866万円
金　沢	220件	196件	27件	13.8%	74億円	3,370万円
名古屋	1,346件	1,138件	179件	15.7%	413億円	3,067万円
大　阪	1,449件	1,261件	126件	10.0%	453億円	3,127万円
広　島	366件	317件	46件	14.5%	125億円	3,430万円
高　松	347件	327件	51件	15.6%	103億円	2,991万円
福　岡	314件	274件	36件	13.1%	90億円	2,890万円
熊　本	225件	206件	21件	10.2%	60億円	2,681万円
沖　縄	53件	50件	6件	12.0%	24億円	4,554万円

各国税局ホームページ資料より抜粋。

資料2

重加算税賦課判定表

納税者名等	署（　　　）		業　種		青　白	□青　□白

| 適用条文、事務運営指針等（課税要件） | ☑ 国税通則法　□第68条第1項（過少重加）【□所（〜）□消（〜）□一般 □簡易】
　　　　　　　□第68条第2項（無申告重加）【□所（〜）□消（〜）□一般 □簡易】
　　　　　　　□第70条第5項（6・7年前遡及）【□所（〜）□消（〜）□一般 □簡易】

□ 申告所得税及び復興特別所得税の重加算税の取扱いについて（事務運営指針）
　第1の1　　□(1) □(2)① □(2)② □(2)③ □(3) □(4) □(5) □(6) □(7) □(8)

□ 消費税及び地方消費税の更正等及び加算税の取扱いについて（事務運営指針）
　Ⅳ重加算税　□2 □3イ □3ロ □3ハ □3ニ □3ホ

□ 最高裁平成7年4月28日第二小法廷判決（特段の行動）
□ 平成23年4月19日裁決（消費税連年無申告）
□ その他（　　　　　　　　　　　　　　　　　　　　　　　　　　　　）|

隠蔽又は仮装の事実（認定事実）	証拠書類等
【行為者】□納税者　□納税者以外（　　　　　） 	

審理専門官の意見

「重加算税賦課判定表」の記載要領

　重加算税賦課事案（重加算税賦課事案で、為りその他不正の行為により6・7年前の年分へ遡及する事案を含む。）のうち、実際に争訟となる見込みがないと調査担当統括官等が判断した事案について、「争点整理表」に代えて作成する。

1　調査担当者の記載欄

(1)　「納税者名等」欄には、調査対象者の所轄税務署名、整理番号及び氏名を記載する。

(2)　「業種」欄には、調査対象者の業種名を記載する。

(3)　「青白」欄には、調査対象者の青白区分について、該当するものに☑印を付ける。

(4)　「適用条文、事務運営指針等（課税要件）」欄には、適用条文や次の事務運営指針の該当する基準に☑印を付ける。

　　なお、国税通則法の項目には、該当する条文及び税目に☑印を付けるとともに、処分対象年分（課税期間分）を記載する。

重加算税賦課基準		
所得税等	(1)	いわゆる二重帳簿を作成していること
	(2)	(1)以外の場合で、次に掲げる事実があること
	①	帳簿書類を破棄又は隠匿していること
	②	帳簿書類の改ざん、偽造、変造若しくは虚偽記載、相手方との通謀による虚偽若しくは架空の契約書等の作成又は帳簿書類の意図的な集計違算その他の方法により仮装を行っていること
	③	取引先に虚偽の帳簿書類を作成させる等していること
	(3)	事業の経営又は取引等について、本人以外の名義又は架空名義で行っていること
	(4)	所得の源泉となる資産を本人以外の名義又は架空名義により所有していること
	(5)	秘匿した売上代金等をもって本人以外の名義又は架空名義の預貯金その他の資産を取得していること
	(6)	各種の課税の特例の適用を受けるため、所得控除若しくは税額控除を過大にするため、又は変動・臨時所得の調整課税の利益を受けるため、虚偽の証明書その他の書類を自ら作成し、又は他人をして作成させていること

所得税等	(7)	源泉徴収票等の記載事項を改ざんし、若しくは架空の源泉徴収票等を作成し、又は他人をして源泉徴収票等に虚偽の記載をさせ、若しくは源泉徴収票等を提出させていないこと
	(8)	調査等の際の具体的事実についての質問に対し、虚偽の答弁等を行い、又は相手先をして虚偽の答弁等を行わせていること及びその他の事実関係を総合的に判断して、申告時における隠蔽又は仮装が合理的に推認できること
消費税等	2	所得税等につき不正事実があり、所得税等について重加算税を賦課する場合において、当該不正事実が影響する消費税の不正事実に係る増差税額があること
	3	所得税等の所得金額には影響しない次のような不正事実（消費税固有の不正事実）があること
	イ	課税売上げを免税売上げに仮装していること
	ロ	架空の免税売上げを計上し、同額の架空の課税仕入れを計上していること
	ハ	不課税又は非課税仕入れを課税仕入れに仮装していること
	ニ	非課税売上げを不課税売上げに仮装し、課税売上割合を引き上げたこと
	ホ	簡易課税制度の適用事業者が、資産の譲渡等の相手方、内容等を仮装し、高いみなし仕入率を適用していること

※　上記表では、賦課基準を簡略化して記載しているため、詳細な賦課基準については、平成12年7月3日付課所4－15ほか3課共同「申告所得税及び復興特別所得税の重加算税の取扱いについて」（事務運営指針）又は平成12年7月3日付課消2－17ほか5課共同「消費税及び地方消費税の更正等及び加算税の取扱いについて」（事務運営指針）を確認する。

(5) 「隠蔽又は仮装の事実（認定事実）」欄には、調査担当者が調査の過程で把握した隠蔽又は仮装の事実を簡記する。

なお、調査年分において、隠蔽又は仮装の事実が同じ場合には、当該年分についてまとめて記載しても差し支えない。

おって、隠蔽又は仮装の行為者については、該当するものに☑印を付け、行為者が納税者以外の場合には、納税者の行為と同視できる理由を記載する。

(6) 「証拠書類等」欄には、隠蔽又は仮装の事実の根拠となった証拠書類等を記載する。

2　担当統括官等の記載欄

担当統括官等（特官、調査担当統括官、国際税務専門官及び情報技術専門官）は、次のとおり記載する。

(1) 「担当統括官等の確認」欄には、処理方針を示した年月日を記載する。

(2) 「広域審理担当者の確認」欄には、広域審理担当者の確認を了した年月日を記載する。

(3) 「審理専門官の確認」欄は、審理専門官から、争点等の検討結果に係る意見があった年月日を記載する。

3　広域審理担当者等の記載欄

(1) 「広域審理担当者への回付」欄には、広域審理担当者が、担当統括官等から重加算税賦課判定表が回付された年月日を記載する。

(2) 「審理専門官への回付」欄には、広域審理担当者が、審理専門官に重加算税賦課判定表を回付した年月日を記載する。

(3) 「審理専門官の意見」欄には、審理専門官が、証拠の収集・保全及び事実認定並びに法令の適用が適切に行われているか検討を行った結果を記載する。

（情報公開請求により入手：大阪国税局・所得税調査に導入）

第2編
名義財産等をめぐるQ&A

I 相続税・贈与税

Q₁ 名義預金・名義株とはどのようなことをいうのですか

A　相続税は、個人の一生涯の稼得を清算する税金であることから、財産の名義にとらわれず、形式的には被相続人の配偶者、子供及び孫などの名義で預金をし、又は株式を取得しているが、その実質は被相続人に帰属する預金や株式であり、親族等の名前を借用しているに過ぎない預金や株式のことをいいます。

解説

民法第896条では、相続の一般的効力として「相続人は、相続開始の時から、被相続人の財産に属した一切の権利義務を承継する。」としており、相続税法においては、第2条第1項において、「相続税の納税義務者については、その者が相続又は遺贈により取得した財産の全部に対し、相続税を課する。」と規定されています。

したがって、これらの規定から、相続開始時において、被相続人に帰属していたと認められるものであれば、すべて相続財産となります。

なお、ここでいう「財産」とは、相続開始時において、被相続人に帰属する金銭に見積もることができる経済価値のあるものすべてであると解されています。

この場合、財産の帰属の判定において、その名義は重要な指標といえますが、実務においては名義預金や名義株は一般的な家庭にも存在していることから、その名義にとらわれず、形式的には被相続人以外の者の名義であっても、実質的に被相続人に帰属するものであれば、相続財産として相

続税の課税対象になります。

　例えば、収入のない配偶者等の親族名義で多額の預金や株式が相続開始時に存在している場合があります。

　これらの財産について、納税者は自己資金で取得したものであるとか、被相続人から贈与されたもの等の主張が行われることが多いですが、課税庁はこれらの親族名義の預金・株式について、納税者はその資金の捻出が不可能であることから、被相続人に帰属する財産であると主張することになります。

　そこで、そのような預金や株式が被相続人に帰属するものであるか否かを判定するに当たり、名義も前述のとおり重要な判断要素になるものですが、以下の①から⑥の項目を総合的に考慮して判断することが必要とされています。

　①　出捐者（預金・株式の原資を拠出している者）は誰か
　②　預金の預入又は株式の購入手続をした者は誰か
　③　その財産の管理・運用をしているのは誰か
　④　その財産から生じる利益の享受者は誰か
　⑤　その財産の処分者（預金の解約、書換え、株式の売却等）は誰か
　⑥　出捐者、名義人、管理・運用者との関係

Q₂　名義預金の態様にはどのようなものがありますか

A　様々なことが考えられますが、以下のようなケースが多いです。また、実務においては、一つの事案で次のすべての項目の預金が混在していることが多いようです。

① 　被相続人の預金を解約、振替をして作成された名義預金

② 　現金の入金によって作成された名義預金

③ 　生活費の余剰金（へそくり）を蓄積して作成された名義預金

④ 　被相続人の非経常的収入（土地等の譲渡代金、退職金等）を原資とした名義預金

⑤ 　贈与税の基礎控除内の金額で毎年作成されている名義預金

⑥ 　作成日が古く、その原資が特定できない名義預金（預金作成時において、当該名義人に収入がない等）

解説

　上記のとおり、名義預金の態様には様々なものがあり、納税者も課税庁もそれぞれの主張を行うことになります。

　①、④、⑤については、その原資からいって出捐者（拠出者）は被相続人となりますので、通常、相続財産と推認されますが、どの場合も贈与があったとの主張があれば、更なる検討、すなわち贈与契約の成立について、お互いに主張・立証をしていくことになります。

　②、③、⑥については、その原資の出捐者が明白ではないので、納税者も課税庁も様々な主張を行っていくことになり、前記のケースよりその判

断は困難なものになっています。

　したがって、名義預金の帰属の判定については、Q1（84ページ）の解説の①から⑥の項目を総合的に考慮して判断していくことになります。

> **Q3** 名義預金の出捐者が特定できない場合、どのようなことが帰属者の判定に重要でしょうか

A　名義預金の判定において、その原資の出捐者（拠出者）の特定は非常に重要な判断要素になりますが、出捐者（拠出者）の特定ができない場合には、他の間接事実である、**①原資拠出可能性のあった者は誰か、②預金の預入者は誰か、③預金の管理・運用者は誰か、④利益の享受者は誰か、⑤処分者は誰かなどの事情**を総合的に考慮して判定します。

解説

　名義預金の帰属者を判定する場合、まずはその預金の原資の出捐者（拠出者）を確認することになりますが、その出捐者（拠出者）が特定できない場合には、上記①から⑤の間接事実を総合考慮して判定することになります。

　出捐者（拠出者）の認定における間接事実は何かについて、「その帰属の判断に当たり特に重要な要素となる、原資となった金員の出捐者の判断は、その預貯金等の設定当時における、名義人及び出捐者たり得る者の収入並びに資産の取得・保有状況等を総合的に勘案するのが合理的である。」としています（平成19年10月4日裁決）。

　特に重要な間接事実たる原資の「出捐者（拠出者）」についても、「設定当時の名義人及び出捐者（拠出者）たり得る者の収入」、「その資産の取得・保有状況」等の他の間接事実を総合的に勘案して認定するという裁決になっています。

　すなわち、①原資拠出可能性のあった者は誰か、②預金の預入者は誰か、③預金の管理・運用者は誰か、④利益の享受者は誰か、⑤処分者は誰かなどの事情が、出捐者（拠出者）の判定における間接事実となるとされています。

　これらのことは、「原資の拠出可能性」は当然のこととして、「預入行為者」、「管理・運用者」が間接事実とされるのは、原資を出捐した者が、普通は自分で預入し、その後は自分で印鑑や証書を保管・管理するであろうし、自分の利息は自分が取得し、預金の解約や書換えも自分で行うという経験則から来るものと思われます。

＝［コラム］＝

　名義財産（名義預金、名義株等）について検討する場合の<u>主要要素</u>（5点ないし6点）については、判定・判断する場合の**強弱**や**要素相互間**のとらえ方について現在のところ必ずしも成熟した定説といったものがあるわけではありません。したがって、基本的には個々の事案ごとに**総合考慮説**のように諸要素を総合的に勘案した上で判断していくことになると思われますが、課税実務においては、事例や担当者によって客観説のいう<u>出捐者（拠出者）の要素</u>が強く主張されることがありますので、事例ごとに正しく判断されているかをよく見極めた上で検討していく必要があります。

Q4　財産の管理・運用とはどのようなことをいうのでしょうか

A　財産の管理とは、財産の占有、利用、改良等をすることを意味して
います。例えば、使用印鑑、キャッシュカード、預金通帳・証書、金
融機関からの各種通知書類、現物債券等を誰が保管していたかという
ことです。

　　また、財産の運用とは、これまでに蓄積した財産を、利殖のために
財産形態を変えることを意味しています。例えば、金融商品の申込み、
書換え、変更等を誰が行っているのか、また、誰が財産の化体（預金
を解約して債券を購入する、不動産を取得する等）を行っていたかと
いうことです。

解説

　名義財産の帰属の判定は、財産の原資の出捐者（拠出者）は誰か、財産
の処分者は誰か、財産から享受される利益の帰属者は誰かなどの事実を総
合考慮して判断するものとされていますが、そのうちの一つの要素が「そ
の財産を誰が管理・運用していたか」といわれています。

　相続税において、財産の出捐者（拠出者）が明白であれば、基本的にそ
の財産は贈与の事実がなければ、その出捐者（拠出者）に帰属する財産で
あります。したがって、「その財産を誰が管理・運用していたか」という
事情は、次に重要な判断要素となります。

　したがって、財産の<u>出捐者（拠出者）</u>が確定できない場合には、「その
<u>財産を誰が管理・運用していたか</u>」という事情は、財産の帰属の判定に当

たり、特に重要な判断要素になることはいうまでもありません。

　例えば、「無記名の割引債の収益金等の受領手続も被相続人が自ら行い、その収益金等は概ね被相続人が管理する自己名義の普通預金口座に入金されていたこと、当該割引債の取引を担当していた銀行員も当該割引債は被相続人に帰属するものと認識していたこと、当該割引債は被相続人が借りていた銀行の貸金庫等に保管されていたことなどが認められ、これらの事実を併せ考慮すると、当該割引債は被相続人に帰属していたと認められる。」

　「無記名有価証券の帰属については、証券に権利者の表示がないので、その購入資金の出捐者（拠出者）及び取得の状況、その後の証券の占有・管理状況等を総合して判断するほかはないが、証券の占有者以外の者が取得資金を支出したとか、占有者が売買等によりその所有権を第三者に移転した後引渡しをせずに引き続き占有しているなどといった事情が認められない場合には、当該証券を現実に占有し支配管理している者がその所有者であると認めるのが相当である。」としています（参考：千葉地裁平成8年7月15日判決）。

　なお、被相続人の妻が運用していた妻名義となっている口座について、その口座が誰に帰属するのか争われた裁判例では、「夫婦間においては、妻が夫の財産について管理及び運用することがさほど不自然であるということはできないから、これを殊更重視することはできず（略）決定的な要素ということはできない」（東京地裁平成20年10月17日判決）とされており、被相続人の妻が妻名義の預金等の管理及び運用をしていたとしても、妻名義の預金等が被相続人ではなく、妻に帰属するものであったことを示す決定的な要素であるということはできないとされています。

　要するに、その他の事情も総合的に考慮した上で帰属の判定を行うことに留意する必要があるということです。

Q5　拠出可能性とはどのようなことをいうのでしょうか

A　拠出可能性とは、過去の預金設定時、株式の取得時及び不動産の購入時等において、その財産の取得等がその財産の名義人の収入や保有資産等により取得可能であったかどうかを意味するものです。簡単にいえば、財産取得時に取得できるだけの資力が名義人にあったかどうかということです。

　Q3にもあったように、名義預金の出捐者（拠出者）が特定できない場合、間接事実の一つである「原資拠出可能性のあった者は誰か」といった考慮事情を出捐者（拠出者）の推定の一要素として、名義財産の帰属の判断材料としています。

　したがって、財産取得時において、その名義人に収入がなく、また、贈与や相続により取得した財産がない場合には、その名義人以外の者で拠出可能性のある者に帰属する財産との推定が働きやすいということです。

解説

　名義預金の帰属判定については、出捐者（拠出者）の特定ができない場合、他の間接事実である、①原資拠出可能性のあった者は誰か、②預金の預入者は誰か、③預金の管理・運用者は誰か、④利益の享受者は誰か、⑤処分者は誰かなどの事情を総合考慮して判定します。

　そのうちの一つが「拠出可能性」であり、出捐者（拠出者）の推定の一要素として検討されてきているところです。

拠出可能性の推定方法については、帰属判定の対象となっている預金の金額、設定時期等によって検討すべき収入の期間等が様々なことから、定まった方法はありませんが、例えば、被相続人及び相続人の過去の収入と被相続人及び相続人の固有資産を比較して、拠出可能性を推定する方法が考えられます。

拠出可能性の推定に必要な項目としては、

①　経常収入はどれだけあったか

②　非経常収入（不動産等の譲渡、退職金、生命保険金等）の有無

③　固有資産（不動産、有価証券、預貯金等）の取得金額

④　相続、贈与により取得した財産

が考えられます。

したがって、その財産の名義人が上記①から④について何も該当する項目がなかった場合には、その名義人以外の者に帰属する財産との推定が働くものと考えられます。もちろん、この拠出可能性の推定についても、①から④の項目がお互いに関連しており、それぞれの項目を総合考慮して財産の帰属について判断していくことになります。

なお、経常収入の比率で名義預金等をあん分して、その帰属を振り分けることも行われていますが、その場合には、その収入期間や収入状況、更には生活状況などの一切の要素を考慮した上で収入割合を決定すべきとされています（平成13年3月29日裁決）。

Q6　被相続人との関係性（いわゆる内部関係）とはどのようなことでしょうか

A　例えば、家族名義預金の帰属判定において、名義人、出捐者、管理・運用者と被相続人との関係である、いわゆる内部関係とは、「なぜ、被相続人名義ではなく、家族名義で預金が設定されているのか（贈与等があって作成されたものなのか等）」、「なぜ、相続人等が管理・運用しているのか（被相続人が相続人等に財産の管理・運用を委託（依頼）していたのか等）」といった事情のことを意味するものであり、名義財産の帰属判定において一つの重要な要素となります。

解説

　名義財産の帰属判定において名義人、出捐者（拠出者）、管理・運用者と被相続人との関係は、「出捐者（拠出者）は誰か」という要素と並んで、常に重要な判断要素といえます。このことは、総合考慮説の本質である「誰が自己の預金とする意思を持っていたのか」から導き出され、仮に被相続人が出捐者（拠出者）であったとしても、なぜ、妻名義で預金がされたのか、なぜ、妻がその預金の管理・運用を行っていたのかを確認する必要があります。

　例えば、相続税においてよく問題になるのが「贈与の有無」です。

　被相続人と妻の間に贈与契約が存在すれば、その預金債権者は被相続人ではなく、妻ということになります。

　このように、いわゆる内部関係として、「贈与の有無」は常に重要なものとなり、贈与事実がない場合には、他にどのような事情があったのか検

討する必要が出てきます。

　また、被相続人と管理・運用者との関係においては、被相続人がその預金の出捐者（拠出者）であるにもかかわらず、妻などの家族が通帳・証書、届出印等を保管しているのか、あるいは預金の入出金等を行っていたのか、その事情を確認する必要があります。家族の間では、いわゆる「委任契約」に基づいて預金の入出金等の事務処理を行っていることは、あまり多くはありません。

　このような場合に重要なのは、平成20年10月17日の東京地裁判決にもあるとおり、一般的に「妻が夫の財産について管理及び運用をすることは、さほど不自然ではない」という実態です。

　要は、妻や他の家族が家族名義預金に限らず、被相続人名義の財産を被相続人に代わって管理・運用している実態が認められるかどうかです。

　こういった実態が認められるのであれば、家族名義預金の出捐者（拠出者）が被相続人である場合、相続財産と判定されることになります。

Q7　いわゆる「へそくり」は名義預金とされますか

A　いわゆる「へそくり」とは、夫の給与収入等で生活費をやりくりし、余ったお金で設定された妻名義の預貯金等をいうものです。

こういった生活費の余剰金は、贈与契約書の作成など客観的な贈与事実がない限り、法的には夫婦の共同生活の基金であって、余剰金を妻名義の預貯金等にしたとしても、その法的性質は失われていないと考えられます。

また、妻が夫の財産について管理及び運用をしていたとしても、夫婦間においてはさほど不自然ではないことから、妻名義の預貯金等が被相続人に帰属するのではなく、妻に帰属する財産であることを示す決定的な要素とはいえません。

解説

　夫の給与収入等で生活費をやりくりし、余ったお金を妻名義で預貯金等をすることは、夫婦間において一般的に行われています。

　例えば、夫の給料で生活費を賄い、その結果、余剰になったお金を毎月少しずつ貯めておき、ある程度まとまった時に妻名義の定期預金にするとか、毎月の余剰金を妻名義の積立定期預金にしておくことがあります。

　こういった場合、妻名義になっている預貯金は、名義人である妻に帰属することになるのか、出捐者である夫になるのかが、問題になることがあります。

　相続税における財産の帰属の判定において、その名義は重要な指標とい

えますが、実務において、名義財産は一般的にどの家庭にも存在しているという経験則から、名義にとらわれることなく、「夫が自己の財産を、自己の扶養する妻名義の預貯金等の形態で保有するのも珍しいことではないというのが公知の事実である。」として「妻名義であることの一事をもって妻の所有であると断ずることはできない。」と判示している裁判例もあります（東京地裁平成20年10月17日判決）。

　また、妻名義の預貯金等は、夫から妻へ生活費等として生前贈与されたものを貯蓄して形成されたものであり、生活費の余剰金については、口頭による贈与契約があったと納税者が主張する場合があります。

　この点については、仮に被相続人が妻に生活費として処分を任せて渡していた金員があり、生活費の余剰分は自由に使ってよい旨いわれていたとしても、渡された生活費の法的性質は夫婦共同生活の基金であって、余剰を妻名義の預貯金等としたとしても、その法的性質は失われないと考えられるのであり、このような言辞が直ちに贈与契約を意味してその預貯金等の全額が妻の特有財産となるものとはいえないとされています（平成19年4月11日裁決）。

Q8　贈与契約の成立とはどのような状態をいうのでしょうか

A　贈与契約の成立の判断に当たっては、この判断要素があるから贈与契約が成立しているとか、この判断要素がないから成立していないといった決め手はありませんが、書面によらない贈与契約の成立については、「贈与者及び受贈者双方に贈与の意思又は合意があること」並びに「贈与の履行がなされたこと（財産が交付されたこと）」を基本とし、様々な要素を考慮した上で総合的に判断することになります。

解説

　書面によらない贈与契約の成立については、「贈与者及び受贈者双方に贈与の意思又は合意があること」並びに「贈与の履行がなされたこと」を基本とし、様々な要素を考慮した上で総合的に判断することになりますが、その様々な要素とは次のような要素であると考えられます。

1　合意があった時の事情について

①　贈与の時期はいつなのか

②　贈与の理由（動機）は何か

③　受贈者が贈与の事実を知ったのはいつなのか

④　他の親族（関係者）は、贈与であるとの認識を持っているのか

2　実質的な支配の移転の有無について（預金の場合）

①　預金通帳・証書や印鑑等は誰が管理しているのか

②　預金の預入実行者は誰なのか

③　利益の享受者は誰なのか（利息は誰が受領しているのか）

④　預金を費消している者は誰なのか

3　贈与税の申告の有無等に事情ついて

①　なぜ、贈与税の申告をしていないのか

②　贈与者及び受贈者に申告義務の認識はなかったのか

③　納税資金捻出に向けた行動はあったのか

④　他の贈与については申告がされているにもかかわらず、この贈与についてはなぜ申告されていないのか

なお、家族内の預貯金の贈与では、書面が作成されていることは稀ですが、贈与契約書や公正証書などの書面があった場合には、次の内容について確認を行った上、上記1から3の要素を確認する必要があります。

・書面の真実性

・対象物件等が明確であるか

・処分権の留保がないか

・書面の作成者、管理者等

Q9 税務調査の際には、名義預金に関してどのような質問を受けますか

A　相続税の税務調査のポイントは、それぞれの事案によって様々ですが、名義預金については、「①出捐者（預金の原資を拠出している者）は誰か、②預金の預入の手続をした者は誰か、③その預金の管理・運用をしているのは誰か、④その預金から生じる利益の享受者は誰か、⑤その預金の処分者（預金の解約、書換え等）は誰か、⑥出捐者（拠出者）、名義人、管理・運用者との関係」の6項目を中心にその事実関係を詳しく聴取されることになります。

　また、聴取調査終了後には通常、現物確認調査が行われ、前記①から⑥の項目に係る物的証拠物や保管場所等について、更なる聴取が行われることになります。

解説

　名義預金に係る聴取調査の基本的なポイントは、上記記載のとおりですが、その他の聴取事項は次のようなことが考えられます。

1　被相続人の経歴等

① 過去の収入状況（相続人等を含む。）

② 退職金や譲渡収入等の臨時的収入の状況

2　被相続人の趣味嗜好、性格、交友関係

① メモや日記等の存在（几帳面な性格であったか等）

② どういうことにお金を使うか（趣味嗜好）

③ 金融機関等に友人がいないか等（交友関係）

3　被相続人の財産管理状況

① 　生活費の管理状況（誰が行っていたのか、余剰金はどうしていたか等）

② 　子供や孫への援助（生前贈与の有無、生活費、結婚費用等の援助の有無）

③ 　財産管理者が被相続人以外の場合には、「なぜ、被相続人以外の者が行っていたのか」、「変わったのは何時からなのか」、「その場合の保管場所の変更はあったのか」

4　被相続人の病歴や死亡した時の状況

① 　どのような病気で長患いなのか、それとも急死だったのか

② 　入院中の財産管理・運用状況や委任の有無（誰が、なぜ行っていたのか）

③ 　自分の意思で行動することができたのか

④ 　入院中の財産の保管はどのようにしていたのか

5　遺産分割協議の状況

① 　相続財産の確認を行った時に被相続人以外の名義の預金通帳等はなかったか

② 　名義預金について、それぞれの名義人に確認をしたか。その確認は、誰がどのように行ったのか

Q10 調査や訴訟等で「名義預金」が争われた場合、どのように判断されるのでしょうか

A 相続財産の認定は、財産の名義にかかわらず実質的に被相続人の財産と認められるものが課税の対象とされています。

名義預金がその名義人に帰属するのか、被相続人に帰属するのかは、その預金の名義にかかわらず、「①出捐者（預金の原資を拠出している者）は誰か、②預金の預入の手続をした者は誰か、③その預金の管理・運用をしているのは誰か、④その預金から生じる利益の享受者は誰か、⑤その預金の処分者（預金の解約、書換え等）は誰か、⑥出捐者、名義人、管理・運用者との関係」等を総合的に考慮して判断されることになります。

解説

調査や訴訟等で「名義預金」が争われた場合の判断基準は、主に以下の事項を総合考慮して判断されることになります。

1 出捐者は誰か

名義預金の原資を被相続人が拠出している場合、その名義人へ被相続人から贈与した事実があれば名義人に帰属することになりますが、贈与の事実がなければその名義を借用したものとみなして、実質的に被相続人に帰属することになります。

また、名義預金の原資が不明な場合、Q5で解説した拠出可能性を確認し、その名義人に預金設定当時、それだけの資力があったか否かを確認する必要があります。

2　管理・運用をしているのは誰か

その預金が名義人のものであるというためには、名義人自身が預金通帳・証書、届出印鑑、キャッシュカード等を保管して、預金の預入、書換え、解約、商品の組替え等の手続を行っていることが通常であるので、誰がその預金の管理・運用を行っているのかを確認する必要があります。

3　預金から生じる利益（利息）の享受者は誰か

例えば定期預金の利息は誰の名義の普通預金に入金されているかなどを確認し、その預金から生じる利益の享受者を特定して、元本の帰属先を判定することになります。

4　出捐者（拠出者）、名義人、管理・運用者との関係

いわゆる内部関係といわれるものであり、詳しくはQ6のとおりです。

5　贈与の事実があったのか

被相続人が名義人に贈与をしていれば、その預金は名義人に帰属するものとなりますが、贈与契約が有効に成立していなければ、被相続人に帰属するものとなります。

なお、贈与契約が有効に成立しているか否かについては、Q8を参照してください。

Q11 相続税において、名義預金を申告しなかった場合、重加算税を賦課されるのは、どのようなケースでしょうか

A　重加算税の賦課要件（国税通則法第68条）は、過少（無）申告加算税が課される場合に隠蔽又は仮装の事実があり、その隠蔽又は仮装したところに基づき申告を行った場合に重加算税が賦課されることになります。

　これは、名義預金を申告しなかった場合においても同様であり、具体的には21ページ及び22ページに記載されている「事務運営指針」に基づき課税庁は、重加算税の賦課について判断することになります。

解説

(1)　21ページ及び22ページに記載されている「事務運営指針」④、⑤にもあるように、家族名義の預金について課税財産であること及び相続人等がそのことを認識していたことが前提となります。いわゆる家族名義といっても、その範囲は同居する親族のものから妻の旧姓等まで多岐にわたることから一概にはいえないものの、被相続人が家族名義預金について一見して課税財産として認識し難い状態を作り出しており、相続人等がその状態を利用して過少申告に及んだような場合には、重加算税の賦課要件を満たすことになります。

　なお、重加算税の規定の趣旨からすると、架空名義の利用や資料の隠匿等の積極的な行為が存在したことまで必要であると解するのは相当ではなく、納税者が当初から相続財産を隠匿し、相続税の課税価格を過少に申告することを意図し、その意図を外部からもうかがい得る特段の行

動をした上、その意図に基づく過少申告をしたような場合には、重加算税の賦課要件が満たされるものとされています（大阪地裁平成23年12月16日判決）。

(2)　重加算税の賦課についてのキーワードは、①過少に申告することを意図し、②その意図が外部からうかがい得る特段の行動をした上、③その意図に基づき過少な申告をするということになります。

　「過少に申告することを意図している」というためには、相続人等において家族名義預金が課税財産（申告しなければならない財産）であるという認識が必要となります。この過少申告の意図は、相続人等の内面の問題であることから、税務調査時での相続人等の発言が重要になってきます。

　また、「特段の行動」とは、第三者から見て過少申告の意図が明らかなものと認められる行動（事実）を総合的に判断したものをいいます。

　例えば、家族名義預金について、①税理士に対するその存在の虚偽答弁や預金通帳等の不提示、②税務調査の際の虚偽答弁や預金通帳の不提示、③家族名義の一部だけを申告、④相続税の申告書に添付した遺産分割協議書への不記載などが挙げられます。

> **Q12** 相続税において、納税者以外の者に隠蔽又は仮装行為があった場合にも重加算税が賦課されますか

A　重加算税を賦課する場合、納税者が積極的に隠蔽又は仮装行為を行った場合に限らず、被相続人又はその他の者の行為により、相続財産の一部が隠蔽又は仮装された状態にあり、納税者がその状態を利用して、過少申告の意図の下、その隠蔽又は仮装された相続財産の一部を除外するなどした内容虚偽の相続税の申告をした場合を含むとされています。

解説

　国税通則法第68条第1項では、「納税者」が課税標準等又は税額等の計算の基礎となるべき事実の全部又は一部を隠蔽又は仮装し、納税申告書を提出していたときは、過少申告加算税に代えて重加算税を賦課することとされています。

　したがって、納税者以外の者が隠蔽又は仮装をして申告した場合、その納税者に重加算税が賦課されるかが問題となります。

　裁判例等では相続税の申告手続等を委任した相続人が、受任した相続人が行った隠蔽などの行為を知らない場合であっても、隠蔽等を行った相続人の行為を委任した相続人の行為と同一視できる場合（一連の申告手続等を包括的に委任し、委任した相続人に帰責事由が認められる場合、例えば任せたままにしていた場合）には、以下のような事実関係を総合的に判断したところで、重加算税が賦課されることもあるとしています。

　①　委任者と受任者との関係や委任の範囲

② 　財産の確認は誰が行ったのか、税理士との窓口は誰であったのか

③ 　委任した相続人の関与の度合い

④ 　相続財産等の説明状況及び遺産分割協議の状況

⑤ 　相続税申告書への署名・押印の状況とその際の申告内容の説明の状況

　また、相続人ではなく、被相続人が隠蔽又は仮装した場合には重加算税が賦課されるかは、<u>納税者以外の者</u>が隠蔽又は仮装を行った場合でも、それを納税者が認識し、その状態を利用して内容虚偽の申告をしたような場合には、<u>実質的には</u>、納税者自身が隠蔽又は仮装行為を行ったのと同様であると評価することができるとしています。隠蔽又は仮装行為が、形式的に納税者自身の行為ではないだけで重加算税の賦課が許されないとすると重加算税制度の趣旨及び目的を没却することになるのであり、被相続人又はその他の者の行為により、相続財産が隠蔽又は仮装された状態にあることを相続人が認識し、相続人がその状況を利用して、内容虚偽の相続税の申告書を提出した場合にも、重加算税を賦課できるとされています。

　以上のとおり、隠蔽等を行った相続人の行為を委任した相続人の行為と<u>同一視できる</u>ような場合には重加算税が賦課され、被相続人の隠蔽等行為であっても、それを認識した上で申告したような場合には、納税者自身が隠蔽又は仮装行為を行っていなかったとしても、重加算税が賦課されることになります。

（参考）　**委任された税理士**が納税者に無断で虚偽の申告書を提出したような場合にも納税者と税理士との依頼関係の状況等により「正当な理由」が認められ加算税が課されない場合とそうでない場合が生じることになります（最高裁平成18年4月25日判決、最高裁平成18年4月20日判決等参照）。

Q13 名義預金と贈与の関係について教えてください。
特に、相続税申告や税務調査が行われた場合に、生前贈与を主張したいのですが、どのような点に注意をすればよいのでしょうか

A 　贈与を主張するのであれば、贈与契約が成立していなければなりません。書面での贈与契約がある場合は、その契約が確実に実行されているかどうかが重要となり、実行されていれば贈与契約は成立していると認められます。

　また、書面での贈与契約がない場合（口頭での贈与契約）には、履行の時が贈与の時になりますので、名義預金の場合には、名義変更等と同時に管理・運用もその名義人が自ら行っている必要があります。

解説

　贈与契約の成立には、「贈与者と受贈者の双方に贈与の意思又は合意があること」並びに「贈与の履行がなされたこと」を基本として、様々な要素を考慮の上、総合的に判断することになります。

　名義預金については、書面による贈与契約をしているケースは稀ですが、書面による贈与契約があれば、通常、贈与契約は成立していると判断されることになります。しかし、①その書面の真実性は担保されているか、②対象の預貯金は特定されているか、③処分権の留保はないか、④書面の管理は誰が行っているか、⑤贈与行為は実行されているか等について確認が求められることになります。

　したがって、これらの事項について齟齬のないように準備しておくことが必要となってきます。

　また、書面によらない贈与については、その預金の管理・運用を名義人自らが行っていることが重要な要素となります。例えば、①預金通帳・証書及び使用印鑑等は名義人が保管しているのか、②預金の書換えや解約は名義人が行っているのかが課税庁側の最も重要な判断要素となります。

　したがって、預金の管理・運用を被相続人が行っていたとなると、その名義預金は、名義人に帰属するのではなく、被相続人に帰属する預金と認定されてしまいやすいので、贈与を主張するのであれば、預金の管理・運用は名義人にしておかなければなりません。

　書面の有無のいずれの場合においても、名義人がその預金の存在を知らないのでは論外ですし、また、贈与税の申告があるからといって、贈与が成立しているとはいえませんが、贈与税の申告の有無は一つの重要な要素となりますので、申告はしておきましょう。

> **Q14** 名義預金が存在する場合、相続税の申告に当たり、注意すべき点は何でしょうか

A　名義預金は、その名義にかかわらず実質的に被相続人の財産と認められるものが相続税の課税の対象になります。

　相続税の申告に当たり、被相続人が被相続人名義の預金通帳や使用印鑑及びその他の相続財産等と同一の場所（例えば被相続人名義の貸金庫の中、被相続人だけが使用していた自宅の金庫の中等）に名義預金があり、かつ、その名義人がその名義預金の存在を全く知らなかったような場合には、その名義預金は常識的に考えれば、被相続人の財産であると考えられます。

　しかし、名義預金の判断基準は、Q10の回答にあるように、「①出捐者（預金の原資を拠出している者）は誰か、②預金の預入の手続をした者は誰か、③その預金の管理・運用をしているのは誰か、④その預金から生じる利益の享受者は誰か、⑤その預金の処分者（預金の解約、書換え等）は誰か、⑥出捐者、名義人、管理・運用者との関係」、更には生前贈与があったのか等を総合的に考慮して判断されることになります。

　したがって、被相続人が管理していた預金だからといって、すべて相続財産であるということではなく、上記の事項を一つ一つ確認して、被相続人に帰属すると認められる預金は、相続財産として申告することになります。

コラム

　同居をしていない家族であれば、自分の預金通帳、キャッシュカード及び使用印鑑等は、自分の家の中や自分で借りている貸金庫等に保管しているのが普通ですが、同居の家族の場合には、預金通帳等の財産を一つの場所にまとめて保管しているということも不自然ではないと思います。

　したがって、上記回答の判断基準についてそれぞれ確認を行った結果、名義預金がその名義人に帰属するものである場合には、同居、別居に関係なく、名義人自身（未成年者はその親）で保管するようにしておきましょう。

　税務調査においては、名義預金が存在する場合、上記判断基準の内容について必ず質問されますので、その質問に対する回答を準備しておくことが大切です。

Q15 相続税調査の際に自分の話した内容を書類にした上、署名押印を求めてくることがあると聞きましたが、本当でしょうか

A　相続税調査の際、名義預金の帰属については、様々な事情を総合的に考慮して判断することになりますので、調査担当者がその名義人等から様々な事情を聴取して、**「質問応答記録書」**を作成し、署名（押印は求めない）を求めることは、よく行われていることです。

　　この**「質問応答記録書」**は、課税庁が課税要件の充足性を確認する上で重要と認められる事項について、その事実関係の正確性を期するため、その要旨を調査担当者と納税者等の間で質問応答形式等により作成する行政文書です。

解説

　「質問応答記録書」作成の目的は、物的証拠が少ない場合に課税庁が課税要件事実を立証するための一つの手段であり、その機能としては、主に次のようなことがあります。

(1)　**聴取内容の証拠化**

　税務調査において、課税要件事実の存否確認のため、広範な調査を行い、その過程で多くの証拠資料を確認し、又はその写しを徴求するなどして、課税処分の根拠となる証拠を収集・保全することは、税務調査の基本といわれています。

　しかし、課税要件事実の存否確認のための物的証拠物が把握できないような場合に、調査担当者が納税者等から聴取した内容を基に課税要件事実の存否を判断することも少なくありません。

そして、調査担当者が納税者等から聴取した内容は、記録をしなければ、調査担当者のみが記憶しているだけですので、その聴取内容は課税要件事実の存否に係る証拠物として活用することはできません。

したがって、税務調査の際、調査担当者が納税者等から聴取した内容から、課税要件事実の存否確認ができる場合には、聴取内容を記録することによって、調査担当者の単なる記憶から、課税要件事実を裏付ける物的証拠物に転換させることになります。

(2)　課税処分取消訴訟等への対応

課税処分取消訴訟等は、通常、税務調査から相当期間が経過した後に提起され、課税庁は課税処分の適法性を主張・立証することになりますが、税務調査時に納税者等から聴取した事項を何も記録していない場合には、課税要件事実の存否確認は困難であり、調査担当者の記憶だけでは、課税処分の適法性を主張・立証することは容易ではありません。

したがって、このような状況を回避するため、「質問応答記録書」は納税者等の聴取内容という無形の証拠を、文書の形式に転換することにより有形化するとともに、納税者等の記憶をより早い段階で記録することにより、課税要件事実の存否確認に資するものとなるといわれています。

なお、課税調査において作成される「質問応答記録書」は相手の同意を得て行われることになっています。

Q16 親族名義の株式（名義株）があるのですが、これらの株式は相続税の申告の対象となるのでしょうか

A 　名義株式の帰属判定は、名義預金と同様に財産の名義にかかわらず実質的に被相続人に帰属する財産であれば、相続税の課税の対象になります。

　親族名義の株式が名義人に帰属するのか、それとも被相続人に帰属するもので相続財産となるのかは、「**①株式購入の原資の出捐者は誰か、②生前に贈与されたものか、③株式の管理・運用は誰が行っていたか、④株式から生ずる利益（配当）は誰が享受していたか、**」という事実を総合的に考慮して判断することになります。

解説

　名義株とは、他人の名義を借用して、株式の引受け及び購入資金の払込みがなされた株式であり、結果として、株主名簿上の株主とその株式の本当の所有者とが相異する状態になった株式のことです。

　このような状態にある株式は、親族間においては珍しいことではなく、一般家庭においてもあり得ることであり、その株式の帰属については、家族名義預金と同様に様々な事情を総合的に考慮して判断することになります。

　第一には、原資の出捐者（拠出者）は誰かということですが、被相続人が株式取得資金の拠出者であっても、贈与された事実があれば名義人に帰属する株式となりますが、贈与の事実がなければ、相続財産と認定されることになります。

　また、株式取得資金の拠出者が不明な場合は、取得時期の収入や財産状況等を勘案し、名義人に株式取得資金の拠出ができるだけの資力があったかどうか確認することになります。

　第二には、贈与事実の有無の確認ということになります。贈与は契約行為ですので、贈与契約が成立していなければ、相続財産に認定されることになります。

　この場合、贈与契約書の存否や贈与税の申告を確認した上でその帰属を判断することになります。

　第三には、その株式が名義人のものというのであれば、通常は名義人自らが株式の管理・運用を行っているはずです。

　例えば、証券会社から送ってくる報告書を名義人が確認し、又は保管しているか、今はウェブサイトからも取引が確認できるので、そのログインパスワードを名義人が知っているのか、証券口座の印鑑を自ら管理しているか、株式等の取引自体を自らの責任で行っているかが判断要素になってきます。

　第四には、株式配当は誰が受け取り、株式譲渡や配当に係る所得税の申告はどのようにしているかといったことも判断要素となってくるでしょう。

コラム

【贈与税事例】

　「贈与税」において「贈与」の有無について争われた事例においては、一般的には、財産は名義人がその真実の所有者であり、外観と実質が一致するのが通常であること及び贈与が通常親族間で行われることが多く、その事実認定の困難なことを考慮すると、その実質が贈与

でないという反証が特にない限り、外観によって贈与事実の認定を行うのが相当とする裁決があります（平成8年2月1日裁決)。

Q17　名義財産の財産種類別にそれぞれ留意する点があれば教えてください

A　名義財産の帰属判定については、基本的には次の①から⑥の内容を総合的に考慮して判断することになり、財産の種類によって大きな違いはありません。

① 出捐者（預金・株式の原資を拠出している者）は誰か

② 預金の預入又は株式の購入手続をした者は誰か

③ その財産の管理・運用をしているのは誰か

④ その財産から生じる利益の享受者は誰か

⑤ その財産の処分者（預金の解約、書換え、株式の売却等）は誰か

⑥ 出捐者（拠出者）、名義人、管理・運用者との関係

　しかし、それぞれの財産にはそれぞれの特性があり、その特性によっては上記①から⑥のうちの何が重要ポイントになるのか若干の相違点があります。

解説

　名義財産の帰属判定において、同じ預金であっても、普通預金と定期預金では若干の違いがあります。定期預金であれば、まず「①出捐者（拠出者）は誰か」が重要な間接事実（判断要素）となります。

　客観説においては、「原則として、出捐者（拠出者）をもって預金者である。」として預金債権者と同義の要件事実扱いとなり、総合考慮説においても「自己の預金とする意思を有していた者」であると強く推認されるからです。

　普通預金の場合であっても、多額の預金原資を拠出した者がいれば、その者が通常、預金債権者となることには変わりはありません。

　しかし、**普通預金**の場合は、その口座の利用目的によって開設されることが多く、**定期預金**のように「①出捐者（拠出者）は誰か」を重視するのではなく、「②預金の預入をした者は誰か」、及び「③その財産の管理・運用をしているのは誰か」を重要視することが通常です。

　ただし、定期預金でも普通預金でも、「⑥出捐者（拠出者）、名義人、管理・運用者との関係」いわゆる内部関係は常に重要な判定要素になります。総合考慮説によれば「誰が自己の預金とする意思」があったかどうかがメルクマールになるので、例えば夫が資金の拠出者であったとしても、なぜ、妻名義で預金されることになったのか、なぜ、妻が管理・運用するのかを確認する必要が出てきます。

　名義株の場合は、株主名簿の確認をするとともに取締役会、株主総会等の議事録において、誰が真の保有者なのか調べておく必要があります。特に非上場株式の場合は、平成2年の商法改正以前に設立された株式会社において、名義株の存在が多く見受けられます。旧商法では、株式会社を設立する際に発起人が最低7名必要とされ、発起人は1人最低1株を引き受ける必要がありました。そのため、他の人数分の名義を借りる必要があったわけです。

　貸付金の場合には、相手方（借り手）の帳簿等において、被相続人からの借入金として処理されているかどうかが、出捐者（拠出者）は誰かと同等の重要性を持つとされた裁判例もあります（さいたま地裁平成17年12月14日判決）。

　不動産の場合は、定期預金と同様に「①出捐者（拠出者）は誰か」が重

要な間接事実（判断要素）となります。

　ただし、どの財産にもいえることですが、出捐者（拠出者）が被相続人であっても、そこに贈与の事実があったのか否かが常に最大のポイントになってきます。

　特に財産の取得時期が古いものについては、贈与の事実が分かる資料を用意しておくとよいでしょう。

Q18 令和５年度税制改正を受けて名義財産について何か変わることがありますか

A 令和５年度税制改正では、相続開始前３年以内の贈与加算について、その加算する年数を７年に順次延長する改正がありました。

ただし、延長される４年間の贈与については、全部で100万円までは相続財産には加算されないことになりました。

一方、相続時精算課税を選択した者については、同制度を選択した後も、暦年贈与とは別に年間110万円の基礎控除が創設され、この基礎控除内の贈与であれば贈与税の申告も不要で、かつ相続財産にも加算されないこととする改正がありました。

このような改正が行われましたが、名義財産に該当するかどうかについては、改正後についても基本的な考え方（Q17参照）は改正前と何ら変わるものではありません。

解説

令和５年度税制改正において、相続税制に係る「資産移転時期の選択による中立的な税制の構築」（資産の次世代（若年層）への早期移転の促進）に関する改正が進められ、相続税法は上記のように改正が行われました。

暦年贈与の加算期間が７年間に延長されたことによって、贈与が実際に成立しているかどうかの判断には何ら影響があるわけではありませんが、加算期間が延長になったことによって基礎控除以下の贈与を続けることには慎重になっていくと想定されます。そして、延長された４年間については（以前の３年間も同様ですが）、贈与として見られるのか、それとも名

　義財産として認定されるのかについて、いずれも課税対象となるので、課税庁との争いは少ないと思われます。

　一方で相続税精算課税を選択している場合、普通は贈与者も受贈者も贈与の意思をもって財産移転を行うと見込まれますので、贈与が成立しているかどうかで課税庁と争うことは少ないと見込まれます。

　しかし、名義財産に該当するかどうかについては、

①　出捐者（預金・株式等の原資を拠出している者）は誰か

②　預貯金の預入又は株式の購入手続をした者は誰か

③　その財産の管理・運用をしているのは誰か

④　その財産から生じる利益の享受者は誰か

⑤　その財産の処分者（預貯金の解約、書換え、株式の売却等）は誰か

⑥　出捐者（拠出者）、名義人、管理・運用者との関係

　これらの内容を総合的に考慮して判断することには、これまでと何ら変わるところはありません。

　したがって、相続時精算課税を選択している者が110万円以下の贈与を受けていた場合には、相続税への加算もなく、贈与税の申告は不要となりますが、その贈与が実際に成立しているかどうかについては、確認する必要があると思われます。

【参考】

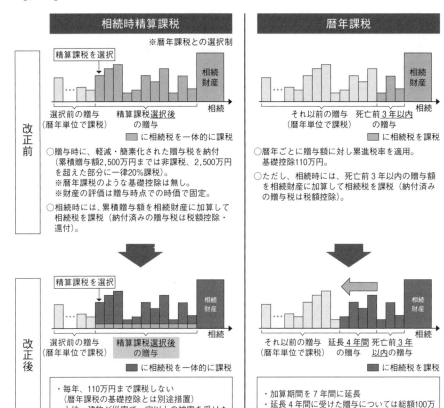

（出典）財務省HPパンフレット「令和５年度税制改正」（令和５年３月）

Ⅱ　所得税

Q₁ 所得税において、名義預金や名義財産等の争いに類する事例にはどのようなものがありますか

A 様々な態様がありますが、主に、以下のようなケースが多く見られます。

① **仮名預金、会員口座**について実質の帰属者は誰かが争われた事例

② **納税者や家族名義の株式（有価証券取引）**について実質帰属者は誰かが争われた事例

③ **事業所得、不動産所得等**の実質帰属者（実質所得者）について争われた事例

④ **源泉徴収義務者**は誰かについて争われた事例

解説

上記の通り、①の**仮名預金や会員口座**の実質帰属者の争いや、②**名義株式**の争いについては、他の税目と同様、預金の開設状況や入金方法等が検討されることになります。具体的には、次のとおりです。

ア　出捐者（預金・株式の原資を拠出している者）は誰か

イ　預金の預入又は株式の購入手続をした者は誰か

ウ　その財産の管理・運用をしているのは誰か

エ　その財産から生じる利益の享受者は誰か

オ　その財産の処分者（預金の解約、書換え、株式の売却等）は誰か

カ　出捐者（拠出者）、名義人、管理・運用者との関係

を基本に判断されることになります。

　また、上記③及び④については、所得税特有の事例であり、それぞれの形態により様々な要素を総合勘案して判断されることになります。

　事業所得の実質所得者の判定については、その事業を経営していると認められる者（事業主）が誰であるかによることになっています。具体的には、Ｑ２以下を参照してください。

　なお、不動産所得の実質所得者の判定については、不動産所得の基因となる賃貸不動産の真実の権利者（所有者など）が誰であるかによることになっています。

> **Q₂** 事業所得等の実質経営者・実質帰属者の判断要素としては、どのような点が重要になりますか

A　それぞれの事業形態により、形態に合った様々な要素が検討されることになりますが、主な要素を挙げると次の点になります。

① 事業許可等の法律行為の名義人

② 事業資産や事業資金の調達（出資等）・管理状況

③ 利益（収益）の管理、処分状況

④ 従業員の雇用状況、指揮監督（人事権等）状況

解説

所得税法第12条には、「**実質所得者課税の原則**」（注1）が定められています。つまり、収益については、それを実質的に享受する個人に帰属するものとして課税するというものです。所得税法で帰属が争われる場合には、この規定を基に上記のような様々な要素を総合的に勘案して判断されることになります。

神戸地裁平成21年5月27日判決においても、「判断基準となるべき誰が事業の経営方針の決定につき支配的影響力を有するかという点は、実質所得者課税の原則を定めた所得税法12条の趣旨にかんがみ、事業許可等の名義のみならず、事業資産や事業資金の調達・管理、利益の管理・処分、従業員の雇用等事業の運営に関する諸事情を総合的に勘案して判定すべきである。」としています（注2）。

（注１）

・所得税法第12条

　「資産又は事業から生ずる収益の法律上帰属するとみられる者が単なる名義人であって、その収益を享受せず、その者以外の者がその収益を享受する場合には、その収益は、これを享受する者に帰属するものとして、この法律の規定を適用する。」

・法人税法第11条にも同様の規定があります。

（注２）

　同旨の裁決に、

・平成22年５月19日裁決（東裁）

・平成27年３月31日裁決（広裁）

　があります。

Q3 源泉徴収義務者が誰であるかの判断について重要となる判断要素は、どのようなものでしょうか

A　源泉徴収義務者が誰であるかの判断に当たっても、「実質所得者課税の原則」で見たように、判断要素は、基本的には事業所得者の帰属を判断する場合と同様ですが、業種により具体的判断要素が異なってくることがあることに注意する必要があります。

解説

　実質的帰属の判定に当たっては、一般的には、**①事業許可等の名義のみならず、②事業資産や事業資金の調達・管理、③利益の管理・処分、④従業員の雇用等事業の運営に関する諸事情**を総合的に勘案して判定することになります。

　ただし、業種ごとに具体的判断要素、強弱が異なってくることがあります。

　例えば、キャバクラ事業については、「控訴人は、源泉徴収義務者が誰であるかの判断は、対外的な取引名義等、形式的、法律的な要素を重視すべきであると主張する。しかしながら、各店舗における風営法許可名義、各店舗の賃借人名義、売上金の入金口座名義は、必ずしも統一されておらず、むしろ風営法上の規制対策や税務対策のため様々に形式的な名義が利用されていることがうかがわれる。このことからすると、源泉徴収義務者が誰であるかについては、上記の取引名義に重きを置くことはできず、キャバクラ事業の状況、収支の管理状況やその帰属、経営への関与等を総合考慮して、キャバクラ事業の経営主体が誰であるかによってこれを判断す

べきである。」（東京高裁平成25年10月 9 日判決）（292ページ参照）と示さ
れています。

（注）　風営法：風俗営業等の規制及び業務の適正化等に関する法律（以下本書にお
　　　　いて「風営法」という。）

Q4 納税以外の包括委任を受けた者が有価証券の架空名義取引を行った場合などにおいて、納税者本人に重加算税が賦課されるのは、どのようなケースでしょうか

A 判例等では、架空名義による有価証券の継続的売買取引に係る所得につき、<u>納税者本人又はその代理人において、これを認識し又は知り得べかりしものである</u>場合には、重加算税の賦課ができるとされています。

解説

国税通則法68条１項では、「納税者」が課税標準等又は税額等の計算の基礎となるべき事実の全部又は一部を隠蔽又は仮装し、納税申告書を提出していたときは、過少申告加算税に代えて重加算税を課すこととされています。

したがって、<u>納税者以外の者</u>が隠蔽又は仮装をして申告した場合、その納税者に重加算税が課されるかが問題となります。

一般的には、<u>納税者以外の者</u>が隠蔽又は仮装を行った場合でも、それを納税者が認識し、その状態を利用して内容虚偽の申告をしたような場合には、実質的には、納税者自身が隠蔽又は仮装行為を行ったのと同様であると評価することができるとしています。

ちなみに、熊本地裁昭和57年12月15日判決の事例において、

「国税通則法68条に規定する重加算税は、同法65条ないし67条に規定する各種の加算税を課すべき納税義務違反が<u>課税要件事実を隠ぺいし、又は仮装する方法によって</u>行われた場合に、行政機関の行政手続により違反者

に課せられるもので、これによってかかる方法による納税義務違反の発生を防止し、もって納税申告制度の信用を維持し、徴税の実を挙げようとする趣旨に出た行政上の制裁措置であり、故意に所得を過少に申告したことに対する制裁ではないものである。従って、税の申告に際し、仮装、隠ぺいした事実に基づいて申告する、あるいは申告しないなどという点について認識を必要とするものではなく、結果として過少申告などの事実があれば足りるものと解すべきである。」

「認定の諸事実によれば、原告もしくは同人から包括的に委任を受けていた妻において本件雑所得の発生、存在を認識していたものと推認するのが相当であり、仮にそうでないとしてもこれを知り得べきものであったと認められ、そうであれば、原告は本件確定申告をなすにあたり本件有価証券取引から生じた雑所得を除外することについての認識があったもの、そうでないとしても過失によりこれを認識しなかったものと認めるべきであるから、いわゆる行政罰の性質を有する重加算税賦課の要件として欠けるところはないというべきである。」と示されています。

これは、上告審である最高裁でも「隠ぺい・仮装行為を原因として過少申告の結果が発生すれば足り、それ以上に、申告に際し、過少申告を行うことの認識を有していることまでを必要とするものではない」（最高裁昭和62年5月8日判決）旨判示されています。

（参考）「隠蔽又は仮装行為」の故意に関しては、大きく

　　①　「行為が客観的に隠蔽又は仮装と判断されるものであれば足り、納税者の故意までは必要としない」とする説

　　②　「課税要件となる事実を隠蔽又は仮装することについての認識

があれば足り、過少申告等の認識まで必要としない」とする説

③　「過少申告等についても租税を免れる認識をも必要とする」と
する説

に分かれます。

Ⅲ　法人税

Q₁ 法人税において、名義預金や名義財産等が、法人に帰属認定された事例にはどのようなものがありますか

A 様々な態様がありますが、主に、以下のようなケースが多く見られます。

① 役員報酬の振込先名義預金について実質の帰属者に認定された事例

② 外注加工費の支払先名義預金について実質の帰属者に認定された事例

③ 従業員遺族名義預金ついて実質帰属者に認定された事例

④ 架空名義預金が実質帰属者に認定された事例

解説

上記のとおり、①の振込先名義預金の実質帰属者の特定や、②外注先等である取引先名義預金の実質帰属者の特定については、他の税目と同様、預金の開設状況や入金方法等が検討されることになります。具体的には、他と同様に

ア　出捐者（拠出者）は誰か

イ　預金の預入をした者は誰か

ウ　その財産の管理・運用をしているのは誰か

エ　その財産から生じる利益の享受者は誰か

オ　その財産の処分者（預金の解約、書換え、株式の売却等）は誰か

カ　出捐者（拠出者）、名義人、管理・運用者との関係

を基本に判断されることになります。

　また、上記①から④については、法人税特有の事例であり、それぞれの形態により様々な要素を総合的に勘案して判断されることになります。具体的には、Q2以下を参照してください。

Q₂　法人の実質経営者・実質帰属者の判断要素としては、どのような点が重要になりますか

A　それぞれの事業形態により、形態に合った様々な要素が検討されることになりますが、主な要素を挙げると次の点になります。

① 　事業許可等の法律行為の名義人

② 　事業資産や事業資金の調達（出資等）・管理状況

③ 　利益（収益）の管理、処分状況

④ 　従業員の雇用状況、指揮監督（人事権等）状況

解説

法人税法第11条には、「**実質所得者課税の原則**」（注）が定められています。つまり、収益については、それを実質的に享受する法人に帰属するものとして課税するというものです。法人税法で帰属が争われる場合には、この規定を基に上記のような様々な要素を総合的に勘案して判断されることになります。

ちなみに、最高裁判所昭和39年9月17日判決では、「所得税法3条の2の法条は同法規制定前から税法上、条理として是認されていたものを明文化したものにすぎず、同法規制定前における事実に実質課税の原則を適用して犯則の成立を認め、刑罰を科しても憲法39条に違反しない。」としています。

（注）

・法人税法第11条

　「資産又は事業から生ずる収益の法律上帰属するとみられる者が単なる名

義人であって、その収益を享受せず、その者以外の法人がその収益を享受
する場合には、その収益は、これを享受する法人に帰属するものとして、
この法律の規定を適用する。」
・所得税法第12条にも同様の規定があります。

Q3 役員報酬の振込先名義預金について、実質の帰属者はどのように判断されるのでしょうか

A 本人が自ら現金を直接受領し、自己の預金口座に入金するなどして管理し、自ら費消している状況です。つまり、本人の意思により管理し、自由に費消可能な状態にあったことが判断材料となります。その場合、当初の経理が事実と異なるときは仮装していたと認定されます。

解説

実質的帰属の判定に当たっては、一般的には、①事業許可等の名義のみならず、②事業資産や事業資金の調達・管理、③利益の管理・処分、④従業員の雇用等事業の運営に関する諸事情を総合的に勘案して判定することになります。

例えば、仮装経理による役員報酬の支出では、「監査役に対する報酬として請求人が支出した金員の全額について、常務は、現金で直接受領し、自己の預貯金口座に入金するなどして管理し、自らの支払に費消していたこと、本件金員は常務の意思により管理し自由に費消可能な状態にあったこと、代表者と両監査役との間に本件金員に関する金銭消費貸借の事実も認められず、両監査役が実際に監査業務に従事しておらず、常務が監査業務を行っていることなどの諸事情を併せ考慮すれば、本件金員が、常務に対して支給されたものであり、……常務に対する報酬を監査役に対する報酬に仮装していたと認められる。」（平成21年11月6日裁決）（308ページ参照）と示されています。

Q4 外注加工費の支払先名義預金、架空名義預金について、実質の帰属者はどのように判断されるのでしょうか

A　外注加工費の支払先が、外注加工費に係る業務を行っていなかったものと認められた場合、外注加工先の名義預金については法人に帰属する預金と認められますから、この場合の外注加工費は架空の支出金と認められます。

解説

　実質的帰属の判定に当たっては、一般的には、①事業許可等の名義のみならず、②事業資産や事業資金の調達・管理、③利益の管理・処分、④従業員の雇用等事業の運営に関する諸事情を総合的に勘案して判定することになります。

　例えば、架空の外注加工費の支出では「外注加工費の支払先は、本件外注加工費に係る業務を行っていなかったものと認められ、また、外注加工費の支払先名義預金については、法人に帰属する預金であると認められるから、本件外注加工費は、架空の支出金であると認めるのが相当である。したがって、本件外注加工費の額を損金の額に算入することはできない。

　法人が、仮装経理に基づき外注加工費の額を支払う等して所得金額を過少に申告したことは、重加算税の課税要件に該当するものと認められる。」（平成 7 年 4 月18日裁決）（318ページ参照）と示されています。

Q5 法人税において、重加算税が賦課されるのは、どのようなケースでしょうか

A 裁判例等では、故意に課税標準等又は税額等の計算の基礎となる事実の全部又は一部を隠蔽し又は仮装し、その隠蔽し又は仮装したところに基づいて納税申告書を提出したものと認められる法人税に、重加算税の賦課決定処分が判断されています。

解説

国税通則法第68条第1項では、「納税者」が課税標準等又は税額等の計算の基礎となるべき事実の全部又は一部を隠蔽又は仮装し、納税申告書を提出していたときは、過少申告加算税に代えて重加算税を課すこととされています。

ちなみに、福岡高裁平成19年11月30日判決の事例において、

「国税通則法70条5項の規定する「偽りその他不正の行為」とは、税額を免れる意図の下に、税の賦課徴収を不能又は著しく困難ならしめる何らかの偽計その他の工作を伴う不正な行為を指し、単なる無申告行為は含まれないが、納税者が真実の所得を秘匿し、それが課税の対象となることを回避するため、所得金額を殊更過少にしてその不足額の納付を免れる行為は、これに含まれるものと解するのが相当である。」

「重加算税の賦課決定処分において、国税通則法68条1項の規定等に照らし、税法上理由の附記は求められないものと解される。」

旨判示されています。

(参考)　隠蔽又は仮装に該当する場合【法人税の重加算税の取扱いについて（事務運営指針）】

(1)　いわゆる二重帳簿を作成していること。

(2)　次に掲げる事実（以下「帳簿書類の隠匿、虚偽記載等」という。）があること。

①　帳簿、原始記録、証ひょう書類、貸借対照表、損益計算書、勘定科目内訳明細書、棚卸表その他決算書に関係のある書類（以下「帳簿書類」という。）を、破棄又は隠匿していること。

②　帳簿書類の改ざん（偽造及び変造を含む。以下同じ。）、帳簿書類への虚偽記載、相手方との通謀による虚偽の証ひょう書類の作成、帳簿書類の意図的な集計違算その他の方法により仮装の経理を行っていること。

③　帳簿書類の作成又は帳簿書類への記録をせず、売上げその他の収入（営業外収入を含む。）の脱ろう又は棚卸資産の除外をしていること。

(3)　特定の損金算入又は税額控除の要件とされる証明書その他の書類改ざんし、又は虚偽の申請に基づき当該書類の交付を受けていること。

(4)　簿外資産（確定した決算の基礎となった帳簿の資産勘定に計上されていない資産をいう。）に係る利息収入、賃貸料収入等の果実を計上していないこと。

(5)　簿外資金（確定した決算の基礎となった帳簿に計上していない収入金又は当該帳簿に費用を過大若しくは架空に計上することにより当該帳簿から除外した資金をいう。）をもって役員賞与

その他の費用を支出していること。

(6)　同族会社であるにもかかわらず、その判定の基礎となる株主
　　等所有株式等を架空の者又は単なる名義人に分割する等により
　　非同族会社としていること。

(注)　下線は、著者

第3編
事例（裁判例・裁決例）から読み解く名義財産等をめぐる税務のポイント

　名義財産（主に名義預金や名義株等）及び所得帰属の判定が争われた主要な事例について、**帰属判定の重要要素（判断要素）**の採否を中心に分析しています。

　なお概要・要旨等は主要ポイントについてのみ簡潔に要約していますので、詳しく知りたい方は実際の判決文、裁決文をご覧ください。巻末に一覧表を付しています。

※見出し（タイトル）部分
　　□……納税者有利の判決・裁決
　　■……納税者<u>不利</u>の判決・裁決
　　　　　を示しています。
※「チェックポイント」の判断要素
　　○……判断要素として採用され、財産として認定されている場合
　　　　　（所得税・法人税については、判断要素のみの場合も含みます）
　　×……判断要素とされているが、認められない場合
　　─……判断要素とされていないあるいは、明確にされていない場合
　　　　　を表しています。

Ⅰ 相続税・贈与税

1 所有権の帰属について係争中の土地の帰属 ■

① 事例の概要〈東京地裁平7.3.28判決〉

　他人名義となっている土地の所有権の帰属について被相続人が自己所有を主張して係争中に死亡した場合の当該土地は、相続開始時点において相続財産として申告すべきとされた事例

② 財産の種類

　不動産

③ 要旨

　本件不動産については、相続開始時において、その所有権の帰属をめぐって係争中ではあったものの、実態的には、相続人が遺言により取得したものと認められることができるから、本件不動産は、相続税法に規定する「相続又は遺贈により取得した財産」に該当すると認められる。

④ チェックポイント

【判断要素】

①	出捐者	○
②	預入行為者	○
③	管理・運用者	×
④	利益享受者	×
⑤	処分者	○
⑥	内部関係	○

⑤ その他の判断要素等

　係争中の不動産について相続税の申告をした後に、当該不動産が他者に帰属する旨の判決が確定した場合には、国税通則法第23条第2項に規定する後発的事由の更正の請求により、課税庁に対し正当な税額に是正を求めることができる。
　本件のもう一つの争点は不動産の所有権の帰属につき係争中であることを理由に相続財産に含めなかったことが、国税通則法65条4項にいう「正当な理由」

に当たるかです。

　地裁は、「正当な理由」とは、その申告が真にやむを得ない理由によるものであり、過少申告加算税を賦課することが不当または酷になる場合をいうのであって、単に納税者の法の不知や解釈の誤解がある場合にはこれに当たらないと解釈し、本件においては納税者らが法令解釈を誤解したことによるものにすぎず「正当な理由」に当たらないとして、納税者の主張を退けました。

　その後、納税者は控訴しましたが、高裁も地裁の判断を支持し、さらに上告しましたが、最高裁でも棄却され確定しました。

2　先死した子供名義の土地の帰属

① 事例の概要〈横浜地裁平9.8.27判決〉

被相続人より先に死亡した自分の子供名義の土地が名義財産とされた事例

② 財産の種類

不動産

③ 要旨

　先死した子供の相続人（妻及び子供）が自分たちの相続財産との主張を行っていたが、当該土地の所有権の帰属には、被相続人と先死した子供の相続人間で調停が成立しており、当該土地は被相続人に帰属するものとされた。

　相続人の主張は、「先死した子供の農協からの借入金債務を被相続人の債務として被相続人が返済することとし、その代わりに、その返済金の捻出のため先死した子供所有の不動産を被相続人に預けてその処分を委ねたもので、その債務整理が終わり、当該土地は処分の必要がなくなり、名義もそのままであることから、所有権は先死した相続人にあり、被相続人の財産ではない」とされた。

④ チェックポイント

【判断要素】

①	出捐者	×
②	預入行為者	×
③	管理・運用者	○
④	利益享受者	×
⑤	処分者	○
⑥	内部関係	○

⑤ その他の判断要素等

いわゆる馴れ合い調停ではないと確認されている。

3　法人の簿外資産の土地の帰属　　■

①　事例の概要〈横浜地裁平 9 . 8 .27判決〉

　被相続人が主宰していた法人の簿外資産として、相続開始後から申告していた被相続人名義の土地が相続財産とされた事例

②　財産の種類

　不動産

③　要旨

　当該土地は、本件課税処分に先立つ相続税調査後に、被相続人の主宰法人の簿外資産として法人税の申告がなされていたが、課税庁は本訴に至るまで、当該土地が簿外資産とされていることに何ら言及していなかったにもかかわらず、本訴において初めて理由を差し替え、相続財産と主張したことから相続人が信義則違反を主張した。

　しかしながら、裁判所は総額主義により改めて帰属認定を行い、①当該土地は主宰法人設立前に被相続人が原資を出捐して自己名義にしていること、②主宰法人は、当該土地に看板を立て商品として扱っていたとしているが、これは法人名で売却し、売却先が見つかった時点で所有権を法人に移転することを考えていたともいえるから、当該土地に看板を立てていたからといって、当該土地が法人の土地であるとは認められないとして、相続財産であると認定した。

④　チェックポイント

【判断要素】

①	出捐者	○
②	預入行為者	○
③	管理・運用者	×
④	利益享受者	×
⑤	処分者	○
⑥	内部関係	○

⑤ その他の判断要素等

　被相続人の生前に当該土地を主宰法人の簿外資産として計上していれば、異なる判断がなされる可能性があった。

　この事例は、相続税の期限内申告の提出がなかった場合における国税通則法第66条（無申告加算税）第1項ただし書にいう<u>正当な理由の意義</u>についても争われ、相続財産が複雑多岐にわたるためその全容を把握することは極めて困難であったから、国税通則法第66条（無申告加算税）第1項ただし書にいう正当な理由があるとの納税者の主張が、納税者は、相続税の法定申告期限内に遺産の合計額が基礎控除を超えることは判断できたものであるから、相続財産の全容が把握できないとして、法定申告期限を徒過した場合には、国税通則法第66条（無申告加算税）第1項ただし書にいう正当な理由があるとはいえないとして排斥されています。

4 被相続人名義の土地に係る贈与事実の有無(1) □

① 事例の概要〈高松地裁平10.7.28判決〉

　被相続人名義の土地が被相続人から贈与された金員により、被相続人の妹が取得した固有財産であるとされた事例

② 財産の種類

　不動産

③ 要旨

　被相続人は、一次相続の分配金として妹に金員を送金（贈与）し、妹はこの金員を原資として自己のために本件土地を購入して、本件土地上に妹夫婦の建物の敷地として占有利用してきたほか、これを担保提供するなどして本件土地を自己所有地として扱ってきたこと、妹は本件土地の権利書等を自ら保管し、その固定資産税も負担してきたこと、妹は被相続人から多額の贈与税がかかるといわれて登記名義人を同人にしたにすぎない。

④ チェックポイント

【判断要素】

①	出捐者	×
②	預入行為者	○
③	管理・運用者	×
④	利益享受者	×
⑤	処分者	×
⑥	内部関係	○

⑤ その他の判断要素等

　土地の真実の所有者が登記名義人ではないことを主張する場合には、真実の所有者が取得原資を出捐（拠出）していること、登記上の名義人を他者とした経緯、その土地の管理・運用の実態等をできるだけ過去に作成された文書等により立証することが重要である。

5　被相続人名義の土地に係る贈与事実の有無(2)　■

①　事例の概要〈平20.4.10裁決〉

　過去に贈与を原因として請求人から被相続人（請求人の姉）へ所有権移転がされていた本件土地について、請求人の母と被相続人が無断で登記を行ったものであり、贈与の事実はなかったとの主張が排斥された事例

②　財産の種類

　不動産

③　要旨

　請求人は、①いったん登記名義に基づいて本件土地を相続財産として申告をしていること、②贈与登記以降、相続開始日まで、自分が真の所有者であれば当然したであろう行動を一切行っていないこと、③本件土地以外の土地について、請求人は登記の異動内容に沿って贈与税の申告及び相続税の計算における３年以内贈与加算を行っていることから、請求人は、登記上の所有者が真実の所有者であることを前提に行動していたと認められ、本件土地の登記上の所有者は真実の所有者を反映しているとみるのが相当である。

④　チェックポイント

【判断要素】

①	出捐者	×
②	預入行為者	−
③	管理・運用者	○
④	利益享受者	○
⑤	処分者	×
⑥	内部関係	○

⑤　その他の判断要素等

　本件土地上のマンションの持分も請求人の財産であると主張していた。
　しかし、被相続人及び請求人はそれぞれのマンション持分に係る<u>不動産所得</u>

の申告を行っており、被相続人が死亡した年分については、請求人が被相続人の持分に係る不動産所得の準確定申告を行っていることから、請求人の主張には理由がないとされた。

6　被相続人名義の不動産に係る真の出捐者は誰か　■

① 事例の概要〈新潟地裁平11.7.29判決〉

　被相続人名義の土地建物が異母姉が所有していた不動産譲渡収入により取得されたものであり、相続財産に当たらないとの主張が排斥された事例

② 財産の種類

　不動産

③ 要旨

　この不動産の所有権は異母姉ではあるが、被相続人は、この不動産を担保に銀行から借入を行い、売却時の交渉等もすべて行い、売却代金も受け取るとともに、本件土地建物の購入を行っていた。また、終戦後満州から引き揚げて間もない異母姉がこの不動産を取得するための資金を有していたことを的確に裏付ける証拠もないことからすれば、この不動産は異母姉に帰属せず、被相続人の出捐により購入されたものと認められる。本件土地建物は、被相続人名義であり、固定資産税及び火災共済の掛金は、すべて被相続人が負担し、建物の修理も被相続人が行ってきたものである。

④ チェックポイント

【判断要素】

①	出捐者	○
②	預入行為者	×
③	管理・運用者	○
④	利益享受者	○
⑤	処分者	○
⑥	内部関係	○

⑤ その他の判断要素等

　原告（異母姉の養子）の供述は、伝聞、推測に基づく部分が多く、異母姉が不動産を取得するための資金を有していたことを的確に裏付ける証拠がなかった。

7 生前に作成された贈与契約書（公正証書）に係る 不動産の帰属⑴

① 事例の概要〈東京高裁平19.12.4判決〉

　生前に被相続人から贈与する旨の公正証書が作成されていたものの、所有権移転登記が行われていなかった土地が被相続人の財産であると認定された事例

② 財産の種類

　不動産

③ 要旨

　被相続人から納税者らにＡ土地を贈与する旨の贈与証書が作成されてから約13年を経過し、かつ被相続人が死亡した後に上記の贈与を登記原因として所有権移転登記がされていることについて、完全な所有権を移転させることについて当事者間で確定的な合意が成立したものとして「贈与証書」なる書面をわざわざ作成したのであれば、特段の支障のない限り、速やかに所有権移転登記の手続を経るのが通常であると考えられるところ、Ａ土地につき、被相続人と納税者らとの間で登記手続を経ることについて支障があったことをうかがわせる事情は認められないにもかかわらず、上記贈与証書が作成されてから被相続人が死亡するまで13年近くもの長期間、被相続人から納税者らへの移転登記が行われなかったことからすると、被相続人はその所有権を自身の下にとどめておく意思だったのであり、納税者らもそうした意思であったとみるのが自然であるから、上記贈与証書は、被相続人から納税者らに対して所有者を移転するとの真意を伴ったものと解するのは相当ではなく、むしろ贈与により所有権を移転するとの外観を仮装したものとみるのが相当である。

④　チェックポイント

【判断要素】

①	出捐者	○
②	預入行為者	×
③	管理・運用者	○
④	利益享受者	○
⑤	処分者	○
⑥	内部関係	○

⑤　その他の判断要素等

　本件土地以外の贈与証書に記載された土地が遺産分割協議の対象とされたり、受贈者とされていない相続人が取得した土地があったり、贈与の対象とされた土地を被相続人が寄附をしているなど、贈与証書は実態を伴っていない。

8 生前に作成された贈与契約書(公正証書)に係る 不動産の帰属(2)

① 事例の概要〈平15.3.25裁決〉

相続開始前に親族に贈与する旨の公正証書が作成され、所有権移転登記がなされていなかった不動産が登記名義人(被相続人)に帰属する財産とされた事例

② 財産の種類

不動産

③ 要旨

公正証書においては、被相続人が所有権移転と同時に所有権移転登記を行う旨記載されているが、相続開始時までにその手続がとられていないこと、また、固定資産税は、所有権移転登記時を基準として、その負担者を相続人に変更する旨記載されているが、相続開始時まで被相続人に課税され納付していること、更には本件不動産の借地人からの地代も被相続人が受領し、その地代の確定申告も被相続人が行っていることなどから、本件土地は相続財産と認められる。

④ チェックポイント

【判断要素】

①	出捐者	○
②	預入行為者	×
③	管理・運用者	○
④	利益享受者	○
⑤	処分者	○
⑥	内部関係	○

⑤　その他の判断要素等

　贈与は、書面によるものは、その契約の効力発生時に成立するが、書面さえ存在していれば贈与の実態に関係なく、契約効力が発生した時を財産の取得時期とする趣旨ではなく、長期間にわたって所有権移転登記を行わず、贈与者が死亡してからその法的効果を主張するような場合には、上記チェックポイントに照らし、贈与契約の効果が実際に生じているかどうかにより判断する。

　本事例は、贈与税の申告もしておらず、本件公正証書は将来の相続税の負担を回避するなど、何らかの意図を持って作成された、実体を伴わない形式的な文書であるとみるのが自然かつ合理的であり、本件公正証書によって被相続人と孫らの間に贈与の合意が成立していたものとは到底認められない。

9　株式売却代金の未収金の帰属　　■

①　事例の概要〈神戸地裁平9.4.28判決〉

　Ａ株式及び被相続人名義の株式の売却代金の未収金が被相続人の相続財産を構成するかについて、相続人のＡ株式及び被相続人名義の株式の売却代金の未収金は相続人が贈与を受けたものであるとの主張が、その証拠となる相続人の供述には不自然な点が認められ採用できないとして排斥され、Ａ株式及び被相続人名義の株式の売却代金の未収金は、被相続人の相続財産を構成するとされた事例

②　財産の種類

　未収金（株式）

③　要旨

　本件株式の売買取引を行っていた証券会社の口座は相続人に帰属するとの納税者の主張が、本件口座は、被相続人の意思に基づき開設され、取引を相続人に包括的に委任する形で運用されていたものであるから被相続人に帰属するとして排斥され、上記口座において取得された本件株式は相続財産に該当すると認定された。

④　チェックポイント

【判断要素】

①	出捐者	○
②	預入行為者	×
③	管理・運用者	×
④	利益享受者	○
⑤	処分者	×
⑥	内部関係	○

⑤　その他の判断要素等　//

　被相続人は重い認知症を患っていたことから、妻が財産管理を行っていたと
認定し、その上で妻が他の相続人に包括的委任を行っていたと認定している。

10 実在又は架空名義の株式の帰属　■

① 事例の概要〈名古屋地裁平 7 .12.13判決〉

　実在又は架空名義の株式は、相続人の給与収入で購入したものであり、その管理・運用も相続人が行っていたとの主張が排斥され、被相続人に帰属する相続財産であるとされた事例

② 財産の種類

　株式

③ 要旨

　本件株式は、被相続人の個人事業及び訴外会社の事業によって得られた資金を蓄える趣旨で購入されたものであり、株式の名義人は複数の個人に分散されていたものの、印鑑、住所、銀行口座等は、訴外会社の代表者であった被相続人のものが用いられていたものと認められ、相続人が本件株式に係る相続税を免れるための行動をとっていたことも併せ考えると、本件株式は被相続人に帰属していたものと認められる。

④ チェックポイント

【判断要素】

①	出捐者	○
②	預入行為者	○
③	管理・運用者	○
④	利益享受者	○
⑤	処分者	×
⑥	内部関係	○

⑤ その他の判断要素等

　各名義人による株式の取得年月日、取得株式数はすべて同一である。

11　被相続人名義株式の実質所有者の判定　■

① 事例の概要〈岡山地裁平８.９.17判決〉

　被相続人名義の株式の実質所有者は相続人であるとの主張が排斥され、被相続人固有の財産であると認定された事例

② 財産の種類

　株式

③ 要旨

　被相続人名義の株式は、①元々相続人の名義であったものを被相続人が勝手に名義変更した、②増資資金を調達したのは自分である等主張し、本件株式は相続人の固有財産であり、相続財産に当たらないとの主張が、被相続人名義の株式については、株券の占有・管理、増資の際の払込金の調達・振込等が終始被相続人によって行われており、その配当金は同人の銀行口座に振り込まれて同人が受領し、その配当は同人の配当所得として申告され続けてきたことなどから、特段の事情のない限り、同人の財産と認めるのが合理的である。

④ チェックポイント

【判断要素】

①	出捐者	○
②	預入行為者	○
③	管理・運用者	○
④	利益享受者	○
⑤	処分者	○
⑥	内部関係	○

⑤ その他の判断要素等

　株券は被相続人の金庫で保管していた。また、当初の株式取得時期においては、被相続人は55歳で相続人は27歳であり、年齢的に原資の出捐（拠出）は被相続人によって行われたと推認できる。

12　死因贈与により取得されたとした株式　　　□

①　事例の概要〈平10.3.31裁決〉

　相続人名義の株式は相続財産ではなく、相続人の祖母（被相続人の母）から黙示の死因贈与により取得したと認定された事例

②　財産の種類

　株式

③　要旨

　被相続人は、母の死亡後、本件株式を保管するとともにその配当金を受領しており、また、本件株式の有償増資に応じ、本件株式の一部を譲渡していることが認められるが、別の親族が被相続人の母から預かった財産が当該相続人にあてたものであったため、被相続人が一旦預かることになったに過ぎないものと推認され、母から被相続人が本件株式を相続したり、贈与を受けたと認めるべき証拠資料はないことから、黙示の死因贈与契約が成立していたという認定を覆すに足りるものはない。

④　チェックポイント

【判断要素】

①	出捐者	×
②	預入行為者	×
③	管理・運用者	○
④	利益享受者	○
⑤	処分者	×
⑥	内部関係	×

⑤　その他の判断要素等

　被相続人一家の置かれた特殊事情を総合考慮して行われた裁決と考えられる。

13　各名義人から一任勘定による委託を受けていた株式口座の帰属

① 事例の概要〈大阪高裁平12.3.15判決〉

　被相続人が家族名義の株式について購入管理及び処分を行っていたのは被相続人が各名義人から一任勘定による委託を受けていたためであるとの納税者の主張が、被相続人は、家族名義を多数用いて株式取引を継続的に行っており、売買に関する判断はすべて自ら行っていたこと、各名義人がその運用状況に関心を持っていた形跡は全くうかがわれないこと、納税者は家族名義の株式が被相続人の所有であることを認める確認書を作成、提出していることなどの事実から、家族名義の株式は、被相続人に帰属するものと認めるのが相当であるとして排斥された事例

② 財産の種類

　株式

③ 要旨

　相続財産の帰属の判断において、株式の配当金は株式の名義人に支払われるものであり、配当金がその名義人の口座に振り込まれ、当該配当金について名義人が所得税の申告をしてきたからといって、そのことが直ちに当該株式が名義人に帰属することを決定づけるものではないし、当該口座に被相続人名義の株式の配当金の入金がなく、被相続人名義預金口座と混同されていないとしても同様であるとされた。

④ チェックポイント

【判断要素】

①	出捐者	○
②	預入行為者	○
③	管理・運用者	○
④	利益享受者	×
⑤	処分者	○
⑥	内部関係	○

⑤ その他の判断要素等

　被相続人から一任勘定による委託を受けていたというのであれば、少なくとも各名義人が取得資金を出捐（拠出）し、管理運用の報告を受け、その上で一任勘定契約を締結しておく必要があった。また、本件は各名義人の事業資金の運用を原資とする旨の主張があったが、当時、各名義人は未成年者であった。

14　生前に親族名義等に名義変更された株式の帰属　■

①　事例の概要〈東京地裁平18.9.22判決〉

　被相続人以外の名義の有価証券等は、被相続人が原資を負担して取得し、その後も一貫して被相続人がこれを一括管理し、株式の配当も被相続人が受領していた事例

②　財産の種類

　株式

③　要旨

　株式や貸付信託・預貯金等の帰属を認定するに当たっては、その名義が重要な要素となることはもちろんであるが、他人名義で株式の取得・口座の開設をすることも、特に親族間においては通常みられることからすれば、株式購入や預入金の原資を誰が負担しているか、株式取得・口座開設の意思決定をし、手続を実際に行っていたのは誰か、その管理又は運用による利得を収受していたのが誰かという点もまた帰属の認定の際の重要な要素ということができ、実際に株式や貸付信託・預貯金等が帰属する者の認定は、これらの諸要素、その他名義人と実際に管理又は運用をしている者との関係等を総合考慮してすべきものと解される。

④　チェックポイント

【判断要素】

①	出捐者	○
②	預入行為者	○
③	管理・運用者	○
④	利益享受者	○
⑤	処分者	○
⑥	内部関係	○

⑤ その他の判断要素等

　被相続人名義以外の財産は、親族名義等に名義変更された、又はそれらの名義で取得した時に被相続人から各名義人に贈与されたものであるとの納税者の主張が、被相続人は死亡時まで、これらを管理・保管し続け、各名義人に対して贈与の意思があったとも、その履行がされたとも認められず、名義変更されたこと等が贈与の事実があったことの根拠にはならないと排斥されている。

15　主宰法人に係る妻名義の株式の帰属 ■

①　事例の概要〈大阪地裁平21.1.30判決〉

　被相続人の主宰法人に係る相続人等名義の株式について、妻名義以外は名義株として相続税の申告をしたが、妻名義株式については、贈与により取得したとの主張が排斥され、いずれも被相続人に帰属する名義株であると認定された事例

②　財産の種類

　株式

③　要旨

　被相続人の主宰法人及びその持株会社の妻名義の株式の取得について、妻自身が自らその<u>原資</u>を拠出した形跡はないこと、妻名義を含むこれらのいわゆる名義株について、名義書換手続、<u>配当金交付手続</u>及び<u>株主総会手続</u>等は、すべて被相続人においてその<u>保管・管理</u>に係る<u>印章</u>を用いて関係書類を作成するなどして行っていたほか、その株券をまとめて<u>自宅金庫内</u>に保管しており、これらの取扱いについて妻名義の株式とその他の名義株との間で差異は見いだせない。

④　チェックポイント

【判断要素】

①	出捐者	○
②	預入行為者	○
③	管理・運用者	○
④	利益享受者	○
⑤	処分者	○
⑥	内部関係	○

⑤　その他の判断要素等

　かつて妻名義とされていた株式についても、別件株券引渡等請求訴訟におい
て、当該株式が妻に帰属しているとは認められないとして敗訴判決があったこ
と、妻はいわゆる専業主婦であり法人の経営等に関与することがなかったこと
を併せ考えると、被相続人に帰属する財産と認められ、本件妻名義の株式のみ
贈与により取得したと認めるのは困難である。

16　相続人の委託に基づく株式取引　　■

①　事例の概要〈東京地裁平23.7.22判決〉

　相続人の委託に基づき、被相続人が相続人名義の株式取引を行っていたものであり、当該株式は相続財産を構成しないとの主張が排斥され、被相続人に帰属する相続財産とされた事例

②　財産の種類

　株式

③　要旨

　他の家族名義の株式が多数存在する中、当該相続人名義の株式は自身に帰属するとして更正処分の取消しを求めた事例である。

　当該相続人は被相続人に運用委託をしていたと主張したが、原資の出捐については、的確な証拠がないところ、判決は、管理・運用の観点から、証券会社の担当者の陳述や取引内容を記録したノートの記述に照らし、当該相続人名義のみを他の家族名義の株式と区別していた形跡はないとして被相続人に運用委託をしていたとの当該相続人の主張を排斥した。

④　チェックポイント

【判断要素】

①	出捐者	×
②	預入行為者	○
③	管理・運用者	○
④	利益享受者	○
⑤	処分者	×
⑥	内部関係	○

⑤　その他の判断要素等

　他の相続人との遺産分割調停において、本件株式についても相続財産として記載した矛盾する意見書を提出している。

17 相続人が配当所得として申告していた非上場株式の帰属 ■

① 事例の概要〈平11.3.29裁決〉

相続人が配当所得として申告していた非上場株式について名義株式とされた事例

② 財産の種類

株式

③ 要旨

相続人名義の株式は、①株式の取得資金のすべてを被相続人が負担していること、②株式申込証に押印されている印影は毎回同じで、その印影に係る印章は、被相続人が普段所持していたものであること、③その株式の配当金は、被相続人が受け取っていたことが認められるから、被相続人に帰属する株式と認められる。

④ チェックポイント

【判断要素】

①	出捐者	○
②	預入行為者	○
③	管理・運用者	○
④	利益享受者	○
⑤	処分者	○
⑥	内部関係	○

⑤ その他の判断要素等

増資払込資金も被相続人が出捐（拠出）している。

18 証券会社の口座から現物出庫した割引国債の帰属 ■

① 事例の概要〈東京地裁平17.11.4判決〉

　被相続人名義の証券会社口座から現物出庫した割引国債について、その現物の所在が確認できないままであったが、相続財産と認定された事例

② 財産の種類

　割引国債

③ 要旨

　当該割引国債は某証券会社において、いずれも被相続人の生存中である平成3年から同8年までの間に同人名義の口座を介して取得されたものと認められるので、反証のない限り、当該割引国債は被相続人の相続財産と推定すべきものである。

④ チェックポイント

【判断要素】

①	出捐者	○
②	預入行為者	○
③	管理・運用者	○
④	利益享受者	○
⑤	処分者	×
⑥	内部関係	○

⑤ その他の判断要素等

　当該割引国債は、訴訟時においても未払いの状態であり、無記名の割引国債証券又はその利札を滅失又は紛失した場合の担保提供による支払請求の手続もとられていない。

19　無記名債券の帰属⑴　　　■

①　事例の概要〈大阪地裁平23.12.16判決〉
　被相続人の相続税の申告において課税価格に算入されていなかった無記名債券並びに相続人名義の定期預金等が相続財産と認定された事例

②　財産の種類
　割引債
　預金

③　要旨
1　本件無記名債券は、いずれも証券に権利者の表示がない無記名の割引債券であるところ、無記名の割引債券の帰属については、その購入資金の出捐者及び取得の状況、その後の証券の占有、管理状況等を総合して判断する必要がある。
2　認定事実等を総合すれば、被相続人は、本件無記名債券を自己の財産として取得し、その管理・運用を行っていたものと認められるから、本件無記名債券は被相続人に帰属する相続財産であると認められる。
3　本件親族名義預金等はいずれも被相続人以外の者の名義となっている財産であるところ、ある財産が被相続人以外の者の名義となっていたとしても、当該財産が相続開始時において被相続人に帰属するものであったと認められるものであれば、当該財産は相続税の課税対象となる相続財産となる。そして、被相続人以外の者の名義である財産が相続開始時において被相続人に帰属するものであったか否かは、当該財産の出捐者、当該財産が形成されるに至った経緯、当該財産の管理及び運用の状況、被相続人と当該財産の名義人との関係、当該財産の名義人がその名義を有することになった経緯等を総合考慮して判断するのが相当である。
4　認定事実等によれば、本件親族名義預金等は、被相続人の固有財産により形成され、被相続人が本件相続開始時に至るまでその管理及び運用を行っていたものであり、各名義人に対して贈与されたものであるということもできないから、いずれも被相続人の相続財産であると認められる。

④　チェックポイント

【判断要素】

①	出捐者	○
②	預入行為者	○
③	管理・運用者	○
④	利益享受者	○
⑤	処分者	○
⑥	内部関係	○

⑤　その他の判断要素等

　相続人は被相続人による隠蔽仮装行為を利用し、また自らも相続財産の隠蔽仮装行為と評価し得る行為を行っており、重加算税の賦課が相当とされている。

20 無記名債券の帰属(2)

① 事例の概要〈平19.3.8裁決〉

　無記名の割引金融債券の帰属について、相続人名義の貸金庫に保管していたこと等の理由から、当該割引金融債券は被相続人と相続人の収入割合により各自に帰属するとの主張が排斥された事例

② 財産の種類

　割引債

③ 要旨

　割引金融債券の原資については、いわゆる「乗換え」又は本件金融機関以外の金融機関の発行した割引債券の償還金により購入されたものであり、相続人が本件債券の取得原資を拠出した事実も見当たらない。

　また、本件割引金融債券の管理・運用については、相続人名義の貸金庫で保管されていたとしても、運用は被相続人の指示により家政婦が行っており、従前同様、被相続人が自己のものとして支配管理を継続し、相続人には権利がないことを前提とした行動をとっていたことからすると、本件割引金融債券は被相続人に帰属する相続財産であると認められる。

④ チェックポイント

【判断要素】

①	出捐者	○
②	預入行為者	○
③	管理・運用者	×
④	利益享受者	○
⑤	処分者	○
⑥	内部関係	○

⑤　その他の判断要素等

　相続人間の和解調書において、本件割引金融債券が被相続人の相続財産であることを確認する旨の記載がある。

　当該財産が無記名債券である割引金融債券であるときは、特段の事情がない限り、その証券を占有している者が権利者であると認めるのが相当であるが、占有者以外の者がその割引金融債券の取得資金を拠出したとか、権利を移転せずに証券の占有を移転したなどといった特段の事情が認められる場合は、総合勘案によりその帰属を判断するべきである。

21　被相続人から海外送金された金員は贈与　　■

①　事例の概要〈東京地裁平23.7.22判決〉

　被相続人を含む3名を送金人、相続人を含む4名を送金先とした海外送金は、原資が被相続人名義の預金等から出捐（拠出）されており、相続人に対する贈与であるとして、相続開始3年以内の贈与に当たるとされた事例

②　財産の種類

　現金

③　要旨

　送金元の預金等の原資は、管理運用状況や送金を行った相続人への指示状況から、すべて被相続人に帰属する預金等で認められる。よって、被相続人に帰属する預金等を送金先で不動産購入等に充てた相続人に対する贈与と認められ、相続開始3年以内になされた送金に係る金員の額は、相続税法第19条により、本件相続に係る相続税の課税価格に加算されるべきである。

④　チェックポイント

【判断要素】

①	出捐者	○
②	預入行為者	○
③	管理・運用者	○
④	利益享受者	○
⑤	処分者	×
⑥	内部関係	○

⑤　その他の判断要素等

　被相続人は、自分と同居し身の回りの世話をしてくれた贈与を受けた相続人の妻を高く評価して感謝の念を抱いており、また、その子供（孫）を溺愛していたなど、その相続人に対してのみ贈与をする動機があった。

22 妻が被相続人の預金口座から引き出した金員は贈与

① 事例の概要〈平18.11.30裁決〉

　被相続人の妻である請求人甲が被相続人の生前に同人名義の預貯金から引き出した現金のうち、甲が個人的に費消した金員及び費途が不明な金員に相当する金額は、同人が被相続人から経済的利益を得たものと認められるから、相続開始前3年以内の贈与の適用が相当であるとされた事例

② 財産の種類

　現金

③ 要旨

　相続税法第9条の趣旨からすると、他人が管理していた被相続人の預貯金が相続開始当時に現存していない場合であっても、それが被相続人の存命中にされた甲による出金行為等によるものであるときには、出金された金員がその後被相続人のために費消されたなど、実質的にみて当該出金行為によって甲が経済的利益を受けたとは認められない場合を除き、当該金員は、出金された時をもって、甲の現実的支配下に置かれたものと認められることから、被相続人の贈与の意思の有無にかかわらず、甲は出金された金額相当額について、当該行為により経済的利益を受けているものとして、被相続人から贈与により取得したものとみなすのが相当である。

④ チェックポイント

【判断要素】

①	出捐者	○
②	預入行為者	○
③	管理・運用者	×
④	利益享受者	×
⑤	処分者	×
⑥	内部関係	○

⑤ その他の判断要素等

　被相続人名義預金から妻が引き出した使途不明金等は、更正処分等には立替金とし、審査請求時においては、損害賠償請求権としていたが、裁決では、相続税法第9条を根拠にみなし贈与としている。

181

23　被相続人名義の預金口座から引き出された多額の出金　□

①　事例の概要〈平20.5 .29裁決〉

　被相続人名義の預金口座から出金された多額の金員について、同居の相続人への贈与とされた更正処分について、当該相続人への贈与の事実はないとされた事例

②　財産の種類

　現金

③　要旨

　被相続人名義の預金口座から多額の出金の事実は認められるが、同居の相続人が本件金員を取得ないし費消したとか、本件金員が相続開始日現在に存在したと認めるに足りる証拠はない。

④　チェックポイント

【判断要素】

①	出捐者	○
②	預入行為者	○
③	管理・運用者	×
④	利益享受者	○
⑤	処分者	×
⑥	内部関係	○

⑤　その他の判断要素等

　課税庁及び請求人の双方に、具体的な使途や化体財産の存在についての主張・立証がなされていない。

24 被相続人名義の預金口座から相続開始10日前後に引き出された金員 ■

① 事例の概要〈平23.6.21裁決〉

　被相続人名義の預金口座から相続開始10日前後に相続人によって出金された、所在及び使途の不明な多額（50,000千円）の金員について、相続財産であると認定された事例

② 財産の種類

　現金

③ 要旨

　相続人は被相続人の指示のもと、現金を入院中の被相続人に手渡し、その後は不知である旨主張したが、通常想定し得る金員の流出先についてみても、本件金員が費消等された事実はなかったのであるから、本件金員は被相続人によって費消等されなかったと認めることができる。

　したがって、本件金員は、相続開始時点までに被相続人の支配が及ぶ範囲の財産から流出しておらず、相続財産と認められる。

④ チェックポイント

【判断要素】

①	出捐者	○
②	預入行為者	○
③	管理・運用者	○
④	利益享受者	○
⑤	処分者	×
⑥	内部関係	○

⑤　その他の判断要素等

　本件金員が引き出されてから被相続人が死亡するまでの日数が極めて短期間であること。また、これまでに高額な出金は生命保険会社への振込みなど使途が明らかなものを除けば、本件金員の出金しかないこと。更には、現金を病院に届けた際の行動や退院時の携行品等に関する申述が不自然であることなど。

　また、原処分庁及び当審判所の調査の結果によっても、本件金員が、相続開始日までに、他の預金等に入金された事実、債務の返済や貸付金に充てられた事実、資産の取得又は役務の提供の対価に充てられた事実、その他何らかの費用に充てられた事実はなく、家族以外の第三者に渡されたような事実もない。

25　被相続人の子供名義の定期預金は贈与されたものではなく相続財産とされた事例

①　事例の概要〈平28.12.12裁決〉

　請求人の母（被相続人）の相続に係る相続税について、被相続人の子供名義の定期預金を相続財産と認定して相続税の更正処分等を行ったのに対し、請求人が当該定期預金は被相続人の亡夫から各名義人に贈与されたものであるから、相続財産には当たらないなどとして、更正処分等の全部の取消しを求めた事例

②　財産の種類

　預貯金

③　要旨

　相続財産となる預貯金等の帰属については、一般的にはその名義人に帰属するのが通常であるが、預貯金等は別の名義の預貯金等への預替えが容易にできることから、単に名義人が誰であるかという形式的事実のみにより判断するのではなく、その原資の出捐者、その管理・運用の状況、贈与の事実の有無等を総合的に勘案して預貯金等の帰属を判断するのが相当である。

　本件においても、本件各定期預金は、被相続人名義ではなく、請求人ら名義であるが、親が子供の名前を使用して預金等をすることはまれではない。そうすると、本件においては、本件各定期預金の原資の出捐者は亡夫若しくは被相続人又はその両名であったが、亡夫の財産はその死亡前に被相続人に大半を移転されていたこと、本件各定期預金について、相続開始日までの間、その管理・運用を行っていたのが被相続人であること、及び本件各定期預金又はその原資の贈与が認められないことを考え併せれば、本件各定期預金は、相続開始日において、被相続人に帰属した財産であり、相続財産であると認められる。

④　チェックポイント

【判断要素】

①	出捐者	○
②	預入行為者	○
③	管理・運用者	○
④	利益享受者	○
⑤	処分者	○
⑥	内部関係	○

⑤　その他の判断要素等

贈与契約書が存在していない。

26　家族名義預金の一部は相続財産に当たらないとされた事例

①　事例の概要〈平28.11.8裁決〉

　相続財産と認定された家族名義預金の一部については、その原資、管理及び運用の実態から相続財産には当たらないと判断された事例

②　財産の種類

　預貯金

③　要旨

　原処分庁は、被相続人の子Ａの配偶者であるＢ名義の各貯金（Ｂ名義各貯金）及びＣ名義の各定期預金（Ｃ名義定期預金１及びＣ名義定期預金２）について、Ｂ及びＣに当該各預貯金を形成する資力があったとは認められず、また、当該各預貯金の管理及び運用は、被相続人及び被相続人の配偶者が共同して行っていたと認められ、そのほかに贈与があったと認められる事実もないことから、当該各預貯金は被相続人に帰属する相続財産である旨主張する。

　しかしながら、Ｂ名義各貯金及びＣ名義定期預金１の原資は、いずれもＢ名義の普通預金口座（Ｂ名義口座）から引き出された金員、又はＢ名義口座から引き出された金員を原資とする貯金の払戻金であると認められるところ、①Ｂ名義口座においては、公共料金等の支払のほか小口の入出金が大半を占めていること、②当該口座はＡとＢが婚姻後早々に設定されたものであり、その印鑑票の筆跡はＢのものであること、③Ａが生活費等の名目で受け取った金員はＢが管理していたこと及び④当該口座の通帳はＢが管理していたことなどの事実に照らせば、Ｂ名義口座の預金はＢ又はＡに帰属する財産であると認められ、Ｂ名義口座から引き出された金員を原資とするＢ名義各貯金及びＣ名義定期預金１の出捐者が被相続人であるとは認められない。また、Ｃ名義定期預金２については、Ａを受取人とする保険の満期保険金を原資とするものであり、当該満期保険金をＡ以外の者が受け取ったと認めるに足る事情や証拠資料もない以上、当該定期預金の出捐者はＡであると認められる。そうすると、Ｂ名義各貯金、Ｃ名義定期預金１及びＣ名義定期預金２の出捐者が被相続人であるとは認

められず、他に当該各預貯金について、被相続人に帰属する財産であることを裏付ける事情や証拠資料も存しないから、B名義各貯金、C名義定期預金1及びC名義定期預金2は本件相続に係る相続財産と認めることはできない。

④　チェックポイント

【判断要素】

①	出捐者	×
②	預入行為者	×
③	管理・運用者	×
④	利益享受者	×
⑤	処分者	×
⑥	内部関係	×

⑤　その他の判断要素等

　本件は、一部取消しが行われた事例であるが、その他の家族名義預金については、被相続人がその原資を出捐（拠出）し、その管理・運用は被相続人及び配偶者が行っており、また、被相続人から贈与の事実も認められないことから、相続財産と認定されている。

27　前回相続に係る財産の帰属　　■

①　事例の概要〈平28.4.20裁決〉

　本件は、原処分庁が、審査請求人の母である被相続人の相続開始前に、請求人が被相続人名義の預貯金口座から引き出した現金等は、被相続人の相続財産であるなどとして、相続税の更正処分並びに過少申告加算税及び重加算税の各賦課決定処分を行ったのに対し、請求人が、請求人の亡父の生前に被相続人名義で預入等されていた預貯金及び有価証券（本件預貯金等）はすべて亡父の相続財産であり、かつ、被相続人と請求人との間で遺産分割を了していないから、その2分の1は請求人に帰属するものであるとして、原処分の全部の取消しを求めた事例

②　財産の種類

　預貯金
　（株式）

③　要旨

　本件預貯金等については、①帰属の認定において重要な要素である名義がいずれも被相続人であることに加え、②その管理状況等からすれば、夫婦間において、互いに自己の名義の財産が自己に帰属するとの認識の下に、被相続人が中心となって管理及び運用を行っていたといえること、③一次相続の開始後の被相続人及び請求人の行動が、かねてより財産の帰属を名義で区別していたことをうかがわせるものであること、④その利息等は、被相続人が利得していたことを併せれば、⑤本件預貯金等の多くが亡父の原資により構成されているとみられることのほか、一次相続の時点における本件預貯金等の額は、一次相続で分割された亡父の相続財産の額と比してもなお低額とはいえないことなど、当審判所の調査結果等により認められるその他一切の事情を踏まえても、一次相続の開始直前における本件預貯金等は、被相続人に帰属する財産であったと認めるのが相当である。そして、当審判所の調査結果等によれば、一次相続の開始から本件相続の開始に至るまでの間、被相続人名義の口座には、かつて亡父名義であり、一次相続により被相続人が相続した財産が入金されるなどしたと認められる一方で、被相続人名義の財産に、被相続人以外の者に帰属する財

産が混入した形跡は見当たらないから、通じて、本件預貯金等は被相続人に帰属するものであったと認められる。

④　チェックポイント

【判断要素】

①	出捐者	○
②	預入行為者	○
③	管理・運用者	○
④	利益享受者	○
⑤	処分者	×
⑥	内部関係	○

⑤　その他の判断要素等

　請求人は、一次相続において、本件預貯金は被相続人の財産であると確認の上、遺産分割協議書を作成するとともに相続税の申告も行っている。また、請求人は本件預貯金口座において、被相続人自身の収支に係る入出金が定期的にされていることを把握していたと認められた。

28　被相続人から委託を受けて管理・運用を行っていたとされた事例

①　事例の概要〈平26.8.25裁決〉

　本件は、原処分庁が、審査請求人らが、相続税の申告において課税価格に算入しなかった現金、家族名義等の預貯金及び家族名義の国債（本件係争資産）などが、被相続人に帰属する相続財産であり、請求人らは、本件係争資産を隠ぺい又は仮装したところに基づき相続税の申告をしたとして、相続税の各更正処分等並びに重加算税及び過少申告加算税の各賦課決定処分を行ったことに対し、請求人らが、本件係争資産は相続財産ではないなどとして、その全部の取消しを求めた事例

②　財産の種類

　預貯金

③　要旨

　本件係争資産は、本件各事業等の収益を原資として形成されたものであり、本件各事業等の事業主体は被相続人であるから、本件係争資産の原資の出捐者は被相続人である。また、本件係争資産は、請求人らが管理・運用していたものであるが、これは、被相続人から委託を受けて、同人のために管理・運用していたものであり、このことをもって本件係争資産の所有者が請求人Ａ（被相続人の妻）であるということもできない。請求人らからは、本件係争資産が被相続人から各名義人に贈与されたものであるとの主張はなく、当審判所の調査によっても、本件係争資産が各名義人に贈与された事実は認められないから、本件係争資産は、被相続人に帰属する相続財産であると認めるのが相当である。

④　チェックポイント

【判断要素】

①	出捐者	○
②	預入行為者	○
③	管理・運用者	×
④	利益享受者	×
⑤	処分者	×
⑥	内部関係	○

⑤　その他の判断要素等

　請求人らは、短期間に被相続人名義及び親族等名義の預貯金を順次解約して現金とし、当該現金でそれまで取引のなかった遠隔地に所在する金融機関において、被相続人の家族名義で定期預金を設定したほか、金融機関の担当者に怪しまれて預金できなかった現金を請求人らの自宅で保管するなど、本件係争資産を相続財産と認識した上で隠蔽していたと認められる。

29 相続人が被相続人に預けた金員を原資として運用していたとする財産の帰属

∎

① 事例の概要〈平31.4.19裁決〉

本事例は、被相続人名義の預貯金の相続開始時における帰属について、その名義のみならず、当該預貯金の原資の出捐者、管理及び運用状況等を総合考慮して判断したものである。

② 財産の種類

預貯金

③ 要旨

請求人は、亡母名義の預貯金（本件預貯金）について、請求人が亡母（本件被相続人）に預けた金員を原資として運用し形成されたものであり、請求人の固有財産である旨主張する。

しかしながら、①本件預貯金の名義は、いずれも本件被相続人であること、②本件被相続人が、各口座を開設し、各金融機関への届出住所等の変更手続を行い、各口座で使用された印鑑を管理していたと認められること、③本件被相続人が負担すべき公租公課等が口座振替により支払われていること及び④本件預貯金の金融機関の窓口での入出金手続は本件被相続人によりされているなどからすれば、各口座の管理運用は本件被相続人が行っていたと認められる。また、⑤本件各預貯金の原資は、大部分が本件被相続人の別の預金、共済の満期金、公的年金等であることから、本件預貯金は被相続人に帰属するものと認められる。

④　チェックポイント

【判断要素】

①	出捐者	○
②	預入行為者	○
③	管理・運用者	○
④	利益享受者	○
⑤	処分者	○
⑥	内部関係	×

⑤　その他の判断要素等

　請求人の主張の根拠となる証拠は、請求人の答述しかなく、他にこれを裏付ける証拠は存在しないことを考え併せれば、本件預貯金は請求人の固有財産ではなく、本件被相続人に帰属する相続財産であると認められる。

30 原処分庁から具体的な主張・立証がなく 相続財産とは認められないとされた事例 □

① 事例の概要〈平25.12.10裁決〉

　家族名義の預貯金等について、その管理状況、原資となった金員の出捐者及び贈与の事実の有無等を総合的に勘案したところ、被相続人に帰属する相続財産とは認められないとされた事例

② 財産の種類

　預貯金

③ 要旨

　原処分庁は、本件預貯金等の使用印鑑の状況や保管場所などの管理状況について何ら具体的に主張立証を行わず、また、その出捐者についても、相続開始日前３年間の被相続人の収入が多額であることなどを挙げるのみで、具体的な出捐の状況について何ら主張立証を行わない。そして、当審判所の調査の結果によっても、被相続人、請求人ら及びその家族の名義で取引先の金融機関に提出された印鑑届等の筆跡並びに印影から、本件預貯金等は各名義人が管理・運用していたと推認されるものの、本件預貯金等の出捐者については、誰であるか認定することはできず、また、被相続人から請求人らに対する贈与の事実の有無については、贈与がなかったと認めるには至らなかった。したがって、本件預貯金等の管理・運用の状況、原資となった金員の出捐者及び贈与の事実の有無等を総合的に勘案しても、本件預貯金等がいずれに帰属するのかが明らかでなく、ひいては、本件預貯金等が被相続人に帰属する、すなわち、相続財産に該当すると認めることはできない。

④　チェックポイント

【判断要素】

①	出捐者	×
②	預入行為者	×
③	管理・運用者	×
④	利益享受者	×
⑤	処分者	×
⑥	内部関係	○

⑤　その他の判断要素等

　名義財産が相続財産に当たるとの立証責任については、課税庁側にある。

　課税庁の主張は、被相続人には相当の収入があったが、相続人にはそれほどの収入がないので、相続人名義の預貯金は不相当に多額であるというものであったが、その預貯金の原資が被相続人であるとの具体的証拠がなかった。

　被相続人がその預貯金の原資を拠出したと推認するためには、具体的にどの資金がいつ移動したのか確認しなければならない。

　また、被相続人以外の者がその預貯金の原資を拠出（贈与等）していることもありうることから、被相続人でなければその預貯金の原資を拠出することができないことの確認も必要であった。

　本件預貯金等の一部は、設定時に被相続人印を届出印として登録していたが、被相続人名義を除き、基本的に平成13年までに被相続人以外の印鑑に改印された。

31　すべての判断要素が総合考慮された事例

①　事例の概要〈平23.5.16裁決〉

　被相続人以外の者の名義である財産が相続開始時において被相続人に帰属するものであったか否かについて、その名義のみならず、当該財産又はその購入原資の出捐者、当該財産の管理及び運用状況、当該財産から生ずる利益の帰属、被相続人と当該財産の名義人並びに当該財産の管理及び運用をする者との関係等を総合考慮して判断された事例

②　財産の種類

預貯金
株式

③　要旨

　預貯金や有価証券等の財産の帰属を判断するためには、その名義が重要な要素となることはもちろんであるが、それら原資の負担者、取引や口座開設の意思決定を行った者、その手続を実際に行った者、その管理又は運用による利得を収受している者などの諸要素、その他名義人と管理又は運用をしている者との関係等を総合的に考慮すべきであるところ、本件請求人ら名義財産については、本件被相続人の妻である請求人名義の一部の財産を除き、①原資の負担者は、本件被相続人であったと認めるのが相当であること、②取引や口座開設等の手続の遂行者は、実質的に本件被相続人であったと認めるのが相当であること、③本件被相続人自身又は本件被相続人が請求人を通じて、管理していたと認めるのが相当であること、④本件請求人ら名義財産の基となった財産の運用については、本件被相続人の指図によって行われていたとみるのが相当であること及び⑤本件請求人ら名義財産の基となった請求人らの名義の上場株式のうち、配当金に係る利得を享受し得る立場にあったのは、本件被相続人であったと認められることからすれば、いずれも本件被相続人の相続財産と認めるのが相当である。

④　チェックポイント

【判断要素】

①	出捐者	○
②	預入行為者	○
③	管理・運用者	○
④	利益享受者	○
⑤	処分者	○
⑥	内部関係	○

⑤　その他の判断要素等

「誰が口座開設の意思決定をしたか」が間接事実の一つとされている。

32　へそくり預金(1)　■

①　事例の概要〈平19.10.4裁決〉

　本件預貯金等のうち、①妻名義のものは、妻が被相続人との婚姻前から保有していた預貯金及び妻固有の収入並びに生活費を節約して貯めたへそくりを原資として形成されたものである、②子供名義のものは、子供が両親との同居期間中に子供固有の収入から生活費として家計に入れていた金員等を原資として形成されたものである、また、③一部のものについては被相続人から生前に贈与を受けたものである旨の主張が排斥された事例

②　財産の種類

　預貯金

③　要旨

　①本件預貯金等のうち妻及び子供名義の郵便貯金の一部については、「郵便貯金メモ」等により被相続人が管理しており、被相続人がその処分権を有していたと認められること、②本件預貯金等のうち①以外の預貯金等についても原資は被相続人が出捐したものであり、その管理も被相続人により行われていたと認められること、③妻の固有収入は本件預貯金等以外の預金に化体しており、本件預貯金等の原資たり得ないこと、④子供が固有収入を生活費として家計に入れていた事実を認めるに足る客観的証拠はないこと、⑤生前に贈与を受けたと請求人らが主張する預貯金等について妻は贈与を受けたことはない旨答述している上、贈与されたと主張する預貯金等の管理運用は被相続人が行っており、贈与の事実は認められないこと等から判断すると本件預貯金等は相続財産であると認めるのが相当であり、請求人らの主張は採用できない。

④　チェックポイント

【判断要素】

①	出捐者	○
②	預入行為者	×
③	管理・運用者	○
④	利益享受者	×
⑤	処分者	○
⑥	内部関係	○

⑤　その他の判断要素等

預貯金等の預入時点の収入状況

名義預金の通帳等は被相続人が管理していた鍵のかかる机に保管されていたこと、各金融機関での口座開設等の各種手続きも被相続人が中心に行っており、その手続きに使用されていた印鑑は被相続人が日頃から使用していた印鑑であった。

また、贈与税の申告も行っていなかった。

33　へそくり預金(2)　　　　　■

①　事例の概要〈平19.4.11裁決〉

　被相続人の妻名義の預貯金等は、その原資及び管理・運用の状況から被相続人に帰属するものと認められ、夫から妻への生活費の余剰金の贈与と認めるに足る証拠もないので、相続財産に該当するとされた事例

②　財産の種類

　預貯金

③　要旨

1　被相続人以外の者の名義の財産の帰属の判断に当たっては、単に名義人が誰であるかという形式のみにより判断するのではなく、その財産の取得原資、管理及び運用の状況並びに帰属の変動の原因となる事実の有無等の客観的事実を総合的に勘案して判断すべきものである。

2　妻に手渡された生活費の残余であるか否かは別問題として、認定事実のとおり、本件預貯金等（被相続人の妻名義の銀行預金、郵便貯金並びに割引金融債券及び利付金融債券）の原資は、被相続人が拠出したものであり、本件預貯金等の取得原資を被相続人が拠出していたことに加え、被相続人による管理及び運用の事実が認められることから、本件預貯金等は、被相続人に帰属していたことが認められる。

3　請求人は、本件預貯金等は被相続人から妻へ生活費等として生前贈与されたものを貯蓄して形成されたものであり、生活費の余剰金については、口頭による贈与契約があった旨主張する。しかしながら、①仮に被相続人が妻に生活費として処分を任せて渡していた金員があり、生活費の余剰分は自由に使ってよい旨言われていたとしても、渡された生活費の法的性質は夫婦共同生活の基金であって、余剰を妻名義の預金等としてもその法的性質は失われないと考えられるのであり、このような言辞が直ちに贈与契約を意味してその預金等の全額が妻の特有財産となるものとはいえないこと、②生活費の余剰金が妻に贈与されたことを具体的に明らかにする客観的証拠はないこと、③妻等が述べる被相続人の性格からは、被相続人が妻に対し、生活費の余剰をすべて贈与したというのは不自然であることなどから、被相続人か

201

　ら妻への生活費の余剰金の贈与を認めるに足りる証拠は見当たらないので、この点に関する請求人の主張には理由がない。

④　チェックポイント

【判断要素】

①	出捐者	○
②	預入行為者	×
③	管理・運用者	○
④	利益享受者	×
⑤	処分者	○
⑥	内部関係	○

⑤　その他の判断要素等

　「へそくり預金」については、贈与契約書もなく、贈与契約があったとの認定はできない。贈与者が死亡している場合、口頭による贈与契約の立証は極めて困難である。

34　原資不明の財産の帰属　　　　□

①　事例の概要〈平18.1.27裁決〉

　原資不明の家族名義預貯金等について、被相続人と相続人の収入比及び資産比率を考慮して名義預貯金等の帰属が認定された事例

②　財産の種類

　預貯金

③　要旨

　本件家族名義預貯金等のうち、①被相続人の預貯金から形成されている部分については、被相続人の収入を原資とするものであるとみるのが相当である。逆に、②国民年金等の請求人（被相続人の妻）の固有の収入から形成されている部分については、請求人の収入を原資としていると認められる。③これら以外のものについては、証拠上、その個々の財産について、原資が被相続人の収入か請求人の収入かを個別に特定することはできない。

　本件家族名義預貯金等は、被相続人及び請求人が共同して管理・運用しており、被相続人からの贈与がなかった以上その帰属の判断は、主にその原資によらざるを得ない。そして、その原資となり得るのは、被相続人及び請求人の各収入のみである。なお、その原資が、複数によって構成される場合には、民法第427条（平成16年法律第147号による改正前のもの）により、それぞれの原資がその預貯金等に占める割合によってあん分することになると解する。

④　チェックポイント

【判断要素】

①	出捐者	—
②	預入行為者	—
③	管理・運用者	—
④	利益享受者	—
⑤	処分者	—
⑥	内部関係	○

⑤　その他の判断要素等

　「収入比あん分」による帰属認定の合理性を担保するためには、採用する期間や、不動産購入や生活費等に費消した金額の把握を的確に行い、収入比あん分自体の客観性を担保しておく必要性がある。

35　収入比あん分による預金の帰属 □

①　事例の概要〈平13.3.29裁決〉

　被相続人の共同相続人（請求人ら）名義の定期預金等について、課税庁側が、被相続人に帰属するとしたのに対し、請求人（被相続人の子供）が被相続人の妻である母から贈与により取得したものと主張した事例

②　財産の種類

　預貯金

③　要旨

　①妻らが管理していた事実が認められ、②被相続人（夫）と妻双方が退職するまでほぼ同等の収入があったことなどから、③<u>預金原資が明らかとなっていないところ</u>（この点、課税庁は、夫と妻の収入比のあん分によりそれぞれの定期預金が構成されていると主張したものの、勤続年数が異なること、夫と妻の退職後相続開始まで約15年もあることから、審判所はかかる手法を否定している。）、④預金利息を被相続人が費消した事実が認められない、⑤（妻らの管理につき）被相続人が任せていたとの事実が認められない、⑥満期書換時の増額につき、妻名義預金から出金されているものが充てられている事実はあっても、被相続人名義預金から出金されて充てられている事実が認められない、などを指摘して、<u>被相続人への帰属を認めなかった</u>。

④　チェックポイント

【判断要素】

①	出捐者	×
②	預入行為者	×
③	管理・運用者	×
④	利益享受者	×
⑤	処分者	×
⑥	内部関係	○

⑤　その他の判断要素等

　複数の者からの原資によって形成される預貯金については、それぞれの収入により明確に区分できるのであれば、収入比により按分して、それぞれの帰属金額を算定するのが合理的な方法といえる。

　例えば、各人の収入比が6対4で、その収入比により預貯金が存在することが明らかな場合には、各人の預貯金の金額を6対4として申告することも可能といえる。

　「収入比あん分」によるのは、夫婦や親族間における名義預金の原資を特定する証拠がない場合に収入割合により形成されたと推定する考え方であり、「収入比あん分」を用いる場合は、その期間や収入状況、更には生活状況等一切の要素を考慮した上で、収入割合を決定すべきであるにもかかわらず、課税庁の主張・立証にこれらの要素が十分に反映されていなかった。

【参考：収入による按分が認められた事例】

　昭和62年7月6日裁決では、争点である無記名定期預金の帰属について、被相続人一族に帰属することが明らかであるとした上で、その帰属すべき金額を推計する場合、原処分庁が各人の申告所得金額を基礎として算定すべきとしたのに対し、各人の固有の収入については、それぞれが受領し、費消したのであるから、これらの収入を除外した各種所得の収入金額等を基礎として算定するのが合理的であるとされています。

36　被相続人と配偶者との収入が混在して形成された資産の帰属 □

①　事例の概要〈令4.2.15裁決〉

　相続税の申告書に計上された預貯金の口座から出金された現金並びに配偶者名義及び次男名義の預貯金について、いずれも被相続人の収入を原資とするものと断定することができないことなどを理由として、被相続人に帰属する相続財産とは認められないとされた事例

②　財産の種類

　現預金

③　要旨

　原処分庁は、相続税の申告書（本件申告書）に計上されていない現金（本件現金）、被相続人の配偶者（本件配偶者）名義及び次男名義の預貯金（本件預貯金）は、出捐者や被相続人及び本件配偶者の収入比率などからその帰属を判断すると、いずれも被相続人に帰属する財産である旨主張する。

　しかしながら、①本件現金の出金元である本件申告書に計上された預貯金口座で管理運用されていた預貯金の原資が特定できないことや、本件配偶者も収入を得ていたと認められることなどからすると、本件現金には被相続人及び本件配偶者の収入が混在している可能性を否定できない中、審判所においても、被相続人及び本件配偶者の収入比率等により本件現金を合理的にあん分することもできず、また、②本件預貯金についても、本件現金と同様、それらの原資を特定することができず、本件配偶者が管理運用しており、被相続人の収入が混在している可能性を否定できない中、被相続人及び本件配偶者の収入比率等により合理的にあん分することができないのであるから、本件申告書に計上された預貯金及び現金の額を超えて、本件現金、本件預貯金が被相続人に帰属する相続財産として存在していたと断定することはできない。

④　チェックポイント

【判断要素】

①	出捐者	×
②	預入行為者	×
③	管理・運用者	○
④	利益享受者	×
⑤	処分者	×
⑥	内部関係	○

⑤　その他の判断要素等

　妻等相続人名義預金約１億4,150万円を相続財産として申告していたが、課税庁が指摘する現預金を合わせると３億円近くになり、地方公務員であった被相続人の生涯年収から合理的に推認される金額よりも多額であった。

37　生前贈与があったとされた預金の帰属　　　□

① 事例の概要〈平11.3.29裁決〉

　贈与税の申告を行っている家族名義の預金について、被相続人に帰属する相続財産であるとしてなされた更正処分が、被相続人が管理運用まで行っていたとはいえないとして取り消された事例

② 財産の種類

　預貯金

③ 要旨

　請求人ら名義の定期預金は、①被相続人は、本件定期預金を請求人らに贈与する意思があったと推認されること、②本件定期預金にほぼ見合う金額の贈与税の申告と納税がなされていること、③請求人らは、贈与税の申告等について少なからず承知していたこと、④請求人らは、相続開始前に被相続人から本件定期預金の通帳を受け取っていると推認されることからすれば、本件定期預金の贈与がなかったとまではいえない。

④ チェックポイント

【判断要素】

①	出捐者	○
②	預入行為者	○
③	管理・運用者	×
④	利益享受者	×
⑤	処分者	×
⑥	内部関係	○

⑤ その他の判断要素等

　贈与税の申告をする以上、贈与の実体、すなわち管理処分権が受贈者に移転していることが必要であり、それが認められた。
　株式については、①株式の取得資金のすべてを被相続人が負担していること、

②株式申込証に押印されている印影は、毎回同じで、その印影に係る印章は、被相続人が普段所持し使用していたものであること、③株式の配当金は、被相続人が受け取っていたことが認められることから、被相続人に帰属する株式と認めている。

38 被相続人と相続人間での借入を認定した上で帰属を判定 □

① 事例の概要〈平4.5.18裁決〉

被相続人の株式売却代金を原資として設定された相続人名義預金の一部が相続人固有の財産（被相続人が相続人から借り入れていた金員の返済金）と認定された事例

② 財産の種類

預貯金

③ 要旨

被相続人の相続開始5か月前に設定された妻名義の定期預金の一部が、被相続人の株式売却代金から充てられており、その部分について被相続人からの贈与であるとして更正処分が行われた事例である。

裁決では、妻には土地譲渡による収入があったこと、開業医である被相続人に対する貸付金の存在等複雑な資金の流れを克明に分析し、課税処分の一部を取り消したものである。

④ チェックポイント

【判断要素】

①	出捐者	×
②	預入行為者	×
③	管理・運用者	×
④	利益享受者	×
⑤	処分者	×
⑥	内部関係	○

⑤ その他の判断要素等

資金の流れを解明し、被相続人と相続人間の借入の事実を認定している。

39　生前贈与がなかったとされた預金の帰属　　■

①　事例の概要〈平3.1.18裁決〉

孫名義となっていた定期貯金の真実の名義人は、被相続人と認定された事例

②　財産の種類

預貯金

③　要旨

　本件定期貯金の原資は、孫の母が毎月1～2万円の積立貯金をして、その満期時に設定したものと主張するが、本件定期貯金は当該設定時前から存在した定期貯金が継続されているもので、孫の年齢からも本件定期貯金の額に達しない。

　また、①被相続人名義の他の定期貯金と本件定期貯金の届出住所、印鑑及び申込書の筆跡が同じであること、②本件定期貯金の利息と被相続人名義の定期貯金の利息と合わせて別段預金とした上で現金にしているが、これに使用された印鑑がすべて同一であること、③被相続人には、本件定期貯金の基になった定期貯金と被相続人名義の定期貯金を設定した頃、土地譲渡代金が入金されていたことなどからすると、本件定期貯金の資金源は譲渡代金と認められ、被相続人が非課税貯蓄に着目して孫名義を使用して、本件定期貯金を設定したものと推認できる。

④　チェックポイント

【判断要素】

①	出捐者	○
②	預入行為者	○
③	管理・運用者	○
④	利益享受者	○
⑤	処分者	○
⑥	内部関係	○

⑤　その他の判断要素等

　孫の財産としたいのであれば、被相続人と孫又は孫の親権者間で、贈与契約書を作成し、印鑑、通帳ともに孫又は孫の親権者に引き渡しておくことが必要である。

④⓪ 相続人名義貯金の原資は小遣いではなく被相続人の土地譲渡代金とされた事例 ■

①　事例の概要〈昭56.4.3裁決〉

　資金原資は相続人の小遣いとの主張が、原資は被相続人の譲渡代金であり、当該貯金の満期解約後の再設定の際、贈与により相続人が取得したとされた事例

②　財産の種類

　預貯金

③　要旨

　請求人は、永年にわたり、小遣銭程度の収入を蓄えて、当該貯金口座を設定したと主張するが、収入を得る手段方法及びその金額が明らかでなく、それが当該貯金の資金源であることの具体的な資料の提示は得られない。そこで当審判所で、当該貯金の設定経過を調査したところによれば、当該貯金は、被相続人名義の普通貯金××から払い戻された資金により昭和49年5月27日に設定され、その資金の源泉は、被相続人の土地譲渡代金700万円であることが認められる。したがって、当該貯金は、被相続人の土地譲渡代金を源泉に設定されたものと認められる。次いで、当該貯金は被相続人の生前において満期による解約後、新たに請求人名義の定期貯金××が設定されているところ、この解約及び設定の手続は請求人自らが行っていることが認められる。

　この事実に照らせば、請求人は当該設定に係る原資を既に被相続人から取得していたと推認でき、これに反する証拠はない。したがって、請求人は、当該口座の貯金の設定資金を被相続人から贈与によって取得したものというべきである。

④　チェックポイント

【判断要素】

①	出捐者	○
②	預入行為者	×
③	管理・運用者	×
④	利益享受者	×
⑤	処分者	×
⑥	内部関係	○

⑤　その他の判断要素等

　贈与により取得したことを証明するためには、当該貯金の管理・運用者が預貯金書換え時から相続人に変わった理由を確認することが必要である。

41 相続人名義の貸金庫で保管していた家族名義預金の帰属

① 事例の概要〈東京地裁平29.11.24判決〉

相続人（原告）名義の貸金庫で保管していた孫名義（原告の子供）定額貯金が被相続人に帰属する財産と認定された事例

② 財産の種類

預貯金

③ 要旨

被相続人以外の者の名義である財産が相続開始時において被相続人に帰属するか否かは、当該財産又はその購入原資の出捐者、当該財産の管理及び運用の状況、当該財産から生ずる利益の帰属者、被相続人と当該財産の名義人並びに当該財産の管理及び運用をする者との関係、当該財産の名義人がその名義を有することになった経緯等を総合考慮して判断するのが相当である。

孫名義定額貯金（本件定額貯金）の原資については、被相続人の収入に由来するものであると認めることに合理性があり、本件定額貯金は、原告が被相続人から定額貯金証書の交付を受け、孫が成人したら同人に渡すことを予定しつつ被相続人のためにこれを占有、保管していたものと認められるところ、このような原資の出捐者、名義人との関係、財産の管理状況、利益の帰属に関する関係者の認識等に関する事情を総合考慮すると、本件定額貯金は、被相続人に帰属するものと認めるのが相当である。したがって、本件定額貯金は、被相続人の相続財産であったものと認められる。

④　チェックポイント

【判断要素】

①	出捐者	○
②	預入行為者	○
③	管理・運用者	×
④	利益享受者	○
⑤	処分者	○
⑥	内部関係	○

⑤　その他の判断要素等

原告が親権者であるが、代理権の授与があったと認められる証拠はない。

42　預金設定時期の相続人の収入等により判断　■

①　事例の概要〈東京地裁平26.9.30判決〉

　相続人である長女（原告）が被相続人からの相続に係る「相続税がかかる財産」として相続税の申告書に記載した長女名義の定期預金等について、同人に帰属する固有の財産であるとの主張により相続税の更正の請求をしたところ、更正すべき理由がない旨の通知処分を受けたため、その取消しを求めた事例

②　財産の種類

　預貯金

③　要旨

　原告名義の預金等と長男（相続人）名義の預金等が同様の形で形成されているのであるから、これらの資産の原資の出捐者は同一であるとみるのが自然であるところ、本件各財産やその原資となる預金等を管理していたのは被相続人であり、同人は、椿油の製造小売業を営んでいた父を持ち、自らは駐車場業を営んでいたというのであるから、上記資産の原資は、被相続人が事業によって得た収入や同人が父母から相続等によって得た財産等によると推認するのが相当である。

　被相続人は、自ら原資を出捐した本件各財産を管理していたと認められる。被相続人が、本件各財産やその原資となる預金等を原告や長男の名義で管理していたのは、いずれそれらの資産を遺贈等の方法により原告や長男に帰属させるつもりであったからではないかと考えられるところではあるが、被相続人は原告や長男が成人した後も本件相続に至るまで一貫して管理しており、被相続人の生前にこれらの資産が原告や長男に確定的に帰属するに至ったことをうかがわせるだけの事情はない。

④　チェックポイント

【判断要素】

①	出捐者	○
②	預入行為者	○
③	管理・運用者	○
④	利益享受者	○
⑤	処分者	○
⑥	内部関係	○

⑤　その他の判断要素等

　本件定期預金証書と一緒に被相続人が財産の内訳を記載したメモが被相続人の自宅金庫から発見されている。また、本件定期預金の設定時期からすると、原告は本件定期預金の金額を出捐（拠出）することができるような収入もなく、固有の財産もなかったと認められた。

43 生前贈与もなく出捐者でなければ名義預金とされた事例

① 事例の概要〈神戸地裁平26.9.9判決〉

　相続人名義の定期預金、株式等について、被相続人（亡乙）からの贈与により取得したもの又は相続人がその原資を出捐（拠出）したものであるとの主張が排斥された事例

② 財産の種類

預貯金
株式

③ 要旨

1　原告（子供）は、原告名義預金について、それぞれ被相続人である亡乙から贈与を受けたと主張するが、これを裏付ける客観的証拠は存しない。したがって、本件各原告名義預金は、本件相続当時、亡乙に帰属していた相続財産と認められる。

2　丙（妻）名義預金は、それぞれ家族名義の預金と同様の管理がされてきたものであり、その届出印の状況等からみても、一体として管理・運用されてきたと認められる。これらのうち、亡乙名義のものが亡乙に帰属することに争いはなく、原告名義のものが亡乙に帰属することは前記1のとおりであり、（亡丁（亡子供））名義のものについても、それぞれその一体的管理の過程で亡乙名義のものと同様にされていることや「丁こと乙」などという名称が用いられていることからみて、原資は亡乙の出捐によるものであり、亡乙に帰属していたと認められる。

3　そして、丙名義のものの原資が、丙の固有財産ではなくA医院の利益に由来するものであるところ、これらが亡乙に属する他のものと一体的に管理され、丙が知らず、行ったこともない割引金融債券の運用等にも充てられていることからすると、丙名義のものについても、亡乙が自己の出捐により丙の名義で開設し管理・運用していた亡乙の預金であったと認めるのが相当である。したがって、各丙名義預金は、本件相続当時、亡乙に帰属していた相続

財産と認められる。

4　原告名義有価証券についても、亡乙が、自己の出捐により原告名義で取得し、自己名義及び家族名義のものと一体として管理・運用してきたものと認めるのが相当である。そして、亡乙の生前に原告が亡乙から贈与を受けたことを認めるに足りる証拠はない。以上の事情を総合すると、本件各原告名義有価証券は、本件相続当時、亡乙に帰属していた相続財産と認められる。

5　丙名義有価証券についても、亡乙が、自己の出捐により丙名義で取得し、自己名義及び家族名義のものと一体として管理・運用してきたものと認めるのが相当である。よって、各丙名義有価証券は、本件相続当時、亡乙に帰属していた相続財産と認められる。

④　チェックポイント

【判断要素】

①	出捐者	○
②	預入行為者	○
③	管理・運用者	○
④	利益享受者	―
⑤	処分者	○
⑥	内部関係	○

⑤　その他の判断要素等

　配当金の一部が相続人名義の預金口座に入金されていたが、当該預金口座そのものが被相続人に帰属すると認められることから、当該配当に係る株式も相続財産であると認められる。

44 書面によらない贈与に係る預金の帰属(1)

① 事例の概要〈平23.8.26裁決〉

　書面によらない贈与について、その履行が完了していないとして、相続財産と認定された事例

② 財産の種類

　預貯金

③ 要旨

　請求人らは、本件被相続人がその預金原資を出捐した請求人らの名義の各定期預金（本件各定期預金）について、本件各定期預金に係る証書が本件被相続人の生前にそれぞれ各名義人へ手渡された時点で、本件被相続人からの贈与の履行が完了しているから、相続財産とはならない旨主張する。

　しかしながら、確かに、本件被相続人と請求人らとの間で、本件各定期預金に関する書面によらない贈与契約がそれぞれ成立したものと認められるものの、書面によらない贈与は、その履行が終わるまでは当事者がいつでもこれを取り消すことができることから、その履行前は目的財産の確定的な移転があったということはできないので、この場合の贈与の有無、すなわち、目的財産の確定的な移転による贈与の履行の有無は、贈与されたとする財産の管理・運用の状況等の具体的な事実に基づいて、総合的に判断すべきである。

　これを本件についてみると、定期預金を自由に運用するためにはその届出印が必要となるところ、本件各定期預金の届出印は、その保管状況・使用状況・各名義人の当該届出印に対する認識及び本件各定期預金に係る証書の改印状況などを勘案すると、相続開始時点においても本件被相続人が引き続き管理していたものと認められることから、本件各定期預金について、本件被相続人から各名義人へ確定的な移転があったとまではみることができない。したがって、本件各定期預金は、贈与によって請求人らが取得したものとは認めることができず、相続税の課税財産に該当する。

④　チェックポイント

【判断要素】

①	出捐者	○
②	預入行為者	○
③	管理・運用者	○
④	利益享受者	×
⑤	処分者	×
⑥	内部関係	○

⑤　その他の判断要素等

　本件各定期預金は、分割協議の時点では遺産分割対象として認識していなかったことから、未分割財産であるとしている。

45 書面によらない贈与に係る預金の帰属⑵ ■

① 事例の概要〈東京地裁平26.4.25判決〉

　被相続人（亡乙）の相続人である原告が、亡乙の死亡に係る相続税の申告書を処分行政庁に提出した後、処分行政庁に対し、申告書に亡乙の相続財産として計上していた預貯金のうち、原告及び原告の子供らの名義の預貯金については、各名義人が亡乙から生前に贈与を受けたものであり、亡乙の相続財産ではなかったとして更正の請求をしたところ、処分行政庁から、更正をすべき理由がない旨の通知処分を受けたことから、同処分が違法なものであると主張し、その取消しを求めた事例

② 財産の種類

　預貯金

③ 要旨

　認定事実及び証拠の諸点に加え、本件申告預貯金等を贈与する旨の書面が作成されていないことをも勘案すれば、亡乙は、相続税対策として、毎年のように、贈与税の非課税限度額内で、原告ら親族の名義で預貯金の預入を行っていたものの、証書は手元に保管して原告ら親族に交付することはせず、原告において具体的な資金需要が生じたり、亡乙自身において具体的な資金需要が生じた際に、必要に応じてこれを解約し、各名義人の各預貯金の金額とは直接関係のない金額を現実に贈与したり、あるいは自ら使用することを予定していたとみるべきである。したがって、亡乙においては、昭和55年頃当時又はその後の各預入の当時、将来の預入金額又はその後の預入に係る各預入金額を、直ちに各名義人に贈与するという確定的な意思があったとまでは認められないというべきである。

④　チェックポイント

【判断要素】

①	出捐者	○
②	預入行為者	○
③	管理・運用者	○
④	利益享受者	○
⑤	処分者	○
⑥	内部関係	○

⑤　その他の判断要素等

　口頭による贈与契約は、相続税の場合、贈与者は既に死亡しており、立証は困難である。

　贈与を主張するのであれば、贈与証書を作成し、できれば公証人役場で確定日付をもらうべきである。

〔参考　本件の事実認定〕

(1)　原告は、亡乙が証書を保管していたことにつき、原告が証書を東京で保管していても預貯金を下ろすことはできないし、特に金員を必要とする事情もないことから、そのまま I 町に置いていたのであり、亡乙は、他人の財産を預かっていたにすぎない旨主張する。しかしながら、平成14年以降における定期貯金の解約の状況とその使途に照らすと、亡乙が証書を保管していたのは、それまでに預け入れられた金員の具体的な使途につき亡乙が自己の意思を反映する余地を残す意図があったためであるといわざるを得ない。したがって、原告の上記主張は採用することができない。

(2)　また、原告は、平成15年1月6日からは「金融機関等による顧客等の本人確認等に関する法律」が施行され、原則として本人でなければ本人名義の預金を下ろすことができなくなり、同日以降、亡乙は原告名義の定期預貯金の管理処分権を完全に喪失したといえる旨主張する。しかしながら、同法が施行されたからといって、これを契機として、直ちに亡乙の贈与意思が確定的なものとなったと評価することはできないから、原告の上記主張は採用することができない。

(3)　以上によれば、亡乙が、その生前において、原告に対し、原告ら名義の

定期預貯金（本件原告ら名義預貯金）を贈与したと認めることはできないから、これらの預貯金は亡乙の相続財産に帰属するものというべきである。

46 妻が管理・運用し、利息を得ていた預金の帰属(1) ■

① 事例の概要〈東京高裁平21.4.16判決〉

被相続人の出捐（拠出）により設定された妻名義の定期預金は、妻が管理・運用し利息を得ていたとしても被相続人の財産であると認定された事例

② 財産の種類

預貯金

③ 要旨

妻がリスクのある取引を積極的に行っていたものとしても、夫である被相続人に代わって同人の金融資産を運用していたにすぎないものとみる余地もあるから、積極的な取引をしていたこと自体から直ちに本件妻名義有価証券が被相続人から<u>生前贈与</u>を受けていたものと認めることはできない。

妻は、本件妻名義預金等を管理・運用していたことは認められるけれども、被相続人の意向にかかわりなく妻が本件妻名義預金等を解約して他の用途に使用するなど自己のものとして<u>利得</u>したことを<u>認めるに足りる証拠</u>はないから、本件妻名義預金等が妻に帰属しているものと認めることはできない。

④ チェックポイント

【判断要素】

①	出捐者	○
②	預入行為者	×
③	管理・運用者	×
④	利益享受者	×
⑤	処分者	○
⑥	内部関係	○

⑤　その他の判断要素等

　被相続人は、リスクのある証券取引等に積極的態度を示していなかったという事情のもとで、妻が夫の財産について管理・運用することがさほど不自然なことではない。

　また、自分の死後、後妻である妻が金銭的に困らないように、自分に帰属する財産を妻名義にしようと考えても不自然ではないという被相続人と名義人及び管理・運用者との関係、並びに名義人となった経緯等を総合考慮したものである。

〔参考：判示事項〕

　土地建物（居住用不動産）と金融資産とでは贈与税が賦課される範囲が異なることは控訴人ら主張のとおりであり、本件妻名義預金等について、贈与契約書が作成されず、贈与税の申告がされなかったからといって直ちに贈与がなかったとはいい難いけれども、贈与契約書が作成されず贈与税の申告もされていないことが、贈与の具体的日時の特定を困難ならしめているうえ、贈与の事実そのものを否定する一つの事情にはなり得るものであることを否定できず、本件においては、それらのことや妻が本件妻名義預金等を解約して他の用途に使用するなどしたという事情が窺われないこと等に照らすと、被相続人から妻に対し本件妻名義預金等の生前贈与があったと認めるのは困難である。

47　妻が管理・運用し、利息を得ていた預金の帰属(2)

①　事例の概要〈東京地裁平20.10.17判決〉

　被相続人の出捐により設定された妻名義の定期預金は、妻が管理・運用し利息を得ていたとしても、名義預金とされた事例

②　財産の種類

　預貯金

③　要旨

1　財産の帰属の判定において、一般的には、当該財産の名義が誰であるかは重要な一要素となり得るものではあるが、我が国においては、夫が自己の財産を、自己の扶養する妻名義の預金等の形態で保有するのも珍しいことではないというのが公知の事実であるから、妻名義預金等の帰属の判定において、それが妻名義であることの一事をもって妻の所有であると断ずることはできず、諸般の事情を総合的に考慮してこれを決する必要があるとされた。

2　財産の帰属の判定において、財産の管理及び運用を誰がしていたかということは重要な一要素となり得るものではあるが、夫婦間においては、妻が夫の財産について管理及び運用をすることがさほど不自然であるということはできないから、これを殊更重視することはできず、被相続人の妻が被相続人名義で被相続人に帰属する預金等の管理及び運用もしていたことを併せ考慮すると、被相続人の妻が妻名義の預金等の管理及び運用をしていたとしても、妻名義の預金等が被相続人ではなく妻に帰属するものであったことを示す決定的な要素であるということはできないとされた。

④　チェックポイント

【判断要素】

①	出捐者	○
②	預入行為者	×
③	管理・運用者	×
④	利益享受者	×
⑤	処分者	×
⑥	内部関係	○

⑤　その他の判断要素等

　同裁判例は、その判断を示すに当たり、他人名義の財産についての相続財産の認定に関する一般的な考えを、次のとおり述べている。

　「被相続人以外の者の名義である財産が相続開始時において被相続人に帰属するものであったか否かは、当該財産又はその購入原資の出捐者、当該財産の管理及び運用の状況、当該財産から生ずる利益の帰属者、被相続人と当該財産の名義人並びに当該財産の管理及び運用をする者との関係、当該財産の名義人がその名義を有することになった経緯等を**総合考慮して判断する**のが相当である。」

〔参考図〕

- ⓐ 財産の購入原資の出捐者
- ⓑ 財産の管理及び運用の状況
- ⓒ 財産から生じる利益の帰属者 ｝ 総合的に勘案する
- ⓓ 被相続人と名義人・財産の管理運用者との関係
- ⓔ 名義人が名義を有することとなった経緯

48　未成年者の母が管理していた預金の帰属　　□

①　事例の概要〈令3.9.17裁決〉

　被相続人が、毎年一定の金額を当時未成年であった請求人に贈与する旨を記した贈与証を作成した上で、請求人の唯一の法定代理人である母を介し、請求人名義の普通預金口座に毎年入金していたことにつき、当該母が、その贈与証に基づく贈与を受諾し、入金していたものであるから、当該口座に係る預金は請求人に帰属する財産であり、相続財産には含まれないとされた事例

②　財産の種類

　預金

③　要旨

　原処分庁は、請求人の亡父（被相続人）が、毎年一定の金額を当時未成年であった請求人に贈与する旨を記した贈与証（本件贈与証）を作成した上で、請求人の母を介し、請求人名義の普通預金口座（本件預金口座）に平成13年から平成24年までの間、毎年入金していたことについて、請求人の母は、本件贈与証の具体的内容を理解しておらず、被相続人の指示に従い本件預金口座に入金していたにすぎず、当該入金が請求人へ贈与されたものとは認識していないから、被相続人から請求人への贈与は成立しておらず、本件預金口座に係る預金は被相続人の相続財産に含まれる旨主張する。

　しかしながら、本件贈与証の内容は、その理解が特別困難なものとはいえない上、請求人の母は、本件贈与証を預かるとともに、被相続人の依頼により本件預金口座へ毎年入金し、本件預金口座の通帳等を口座開設当時から管理していたことからすれば、平成13年当時、請求人の唯一の親権者であった請求人の母は、請求人の法定代理人として、本件贈与証による贈与の申込みを受諾し、その履行として本件預金口座へ毎年入金していたと認めるのが相当であり、また、本件預金口座には、利息を除き、毎年の入金以外に入金はないから、本件預金口座に係る預金は、平成13年の口座開設当初から請求人に帰属するものであって、相続財産には含まれない。

④　チェックポイント

【判断要素】

①	出捐者	○
②	預入行為者	○
③	管理・運用者	○
④	利益享受者	×
⑤	処分者	○
⑥	内部関係	○

⑤　その他の判断要素等

　本事例は、４人の子供へ贈与する旨を記した贈与証（被相続員人の印鑑は押印されていたが、子供の印鑑は押印されていない）を作成し、それぞれの普通預金口座に12年間に渡り入金をしていた事例であるが、その管理状況に違いがあったことから、名義預金として課税されたもの、また、預金の解約時点での贈与とされたものがある。

　本事例においては、母親が法定代理人として、かつ事実として当該預金を管理していたことが重視されている。

49　貸金庫内に保管されていた架空名義預金の帰属　■

①　事例の概要〈名古屋地裁平20.12.11判決〉

　貸金庫内に存在した架空名義人等の預貯金は、先に死亡した父から贈与を受けた相続人固有の財産であるとの主張が排斥され、名義預金とされた事例

②　財産の種類

　預貯金

③　要旨

　納税者及び税理士は、貸金庫内の預貯金等が本件相続財産を構成することを前提として遺産分割交渉を行っていたものと認めるのが相当であり、また、納税者及び税理士が本件預貯金等の内容、金額等について全く把握していなかったことにかんがみれば、被相続人は貸金庫を排他的、専属的に管理していたと認められるところ、これらの事実に照らすと、本件預貯金等はいずれも被相続人が取得・管理してきたものであって本件相続財産を構成するものと認めるのが相当であるとされた。

④　チェックポイント

【判断要素】

①	出捐者	×
②	預入行為者	○
③	管理・運用者	○
④	利益享受者	○
⑤	処分者	×
⑥	内部関係	○

⑤　その他の判断要素等

　本件のようなケースでは、一次相続に遡って、帰属認定を行うことも重要である。

〔その他の判示事項〕

(1)　国税通則法第70条第5項《国税の更正、決定等の期間制限》にいう、「偽りその他不正の行為」の行為者

(2)　納税者及び納税者の依頼を受けた税理士は、本件預貯金等が本件相続財産に当たることを認識していたものと認められるところ、税理士において、本件預貯金等の一部のみが本件相続財産であるとして相続税を算定し、納付すべき税額を0円とする虚偽の申告を行ったのであるから、かかる行為が「偽りその他不正の行為」に当たることは明らかであり、そうすると、納税者から申告の委任を受けた税理士が偽りその他不正の行為を行い、これにより納税者が税額を免れたものと認められるから、納税者は「偽りその他不正の行為によりその全部若しくは一部の税額を免れ」たものに当たるとされた事例

(3)　納税者は、本件預貯金等が本件相続財産に属することを認識しながら、税理士をして、本件預貯金等の一部のみを相続財産とする申告を行わせたものと認められるから、納税者の行為が「事実を隠蔽する」ものに当たることは明らかであるとされた事例

50 被相続人の承諾を得た上での預金の解約は贈与 ■

① 事例の概要〈東京地裁平19.5.31判決〉

　昭和61年当時、被相続人によって相続人である子供たち名義の定期預金口座が開設されたものの、その後、順次、改印届や住所変更、氏名変更等が行われ、各名義人に帰属するような外形を作出していた事例

② 財産の種類

　預貯金

③ 要旨

　納税者ら名義の各定期預金は、被相続人が開設した納税者ら名義の定期預金口座に預け入れられた定期預金が数次の書替えを経たものであるところ、その手続が当初預入れから十数年にわたり、被相続人名義及び本件申告書において相続財産として申告された被相続人の妻名義の各定期預金とほとんど同じ機会に行われており、すべて被相続人が行ってきたものであることからすれば本件各定期預金が解約される平成13年5月15日の時点までは、被相続人が自身の財産として一括して管理していたとみるべきものであって、名義人である納税者らが自ら管理にあたっていないことはもちろん、これらを自由に処分できる状況にあったとも認め難い。そうすると、本件各定期預金は、同日時点までは、被相続人に帰属する財産とみるのが相当であって、それよりも前に、被相続人から納税者らに対する贈与がされていたとは認められないとされた。

　平成13年5月15日に、被相続人の承諾を得た上で、納税者が被相続人が管理していた納税者ら名義の各定期預金の解約手続を実行し、その解約金はすべて納税者らが管理していると認められる納税者ら名義の各普通預金口座に振り込まれたというのであるから、本件各定期預金は、その時点で被相続人から納税者らに対する贈与が行われ、その履行がされたものであると認められ、本件相続開始は平成13年12月15日であるところ同日は、相続開始日前3年以内に当たるから、相続税法第19条（相続開始前3年以内に贈与があった場合の相続税額）の規定により、本件相続に係る原告らの相続税の課税価格に加算されるべきものということができる。

④　チェックポイント

【判断要素】

①	出捐者	○
②	預入行為者	○
③	管理・運用者	○
④	利益享受者	○
⑤	処分者	×
⑥	内部関係	○

⑤　その他の判断要素等

　相続人は、定期預金の解約の際、銀行員に対し、その理由を「被相続人は高齢であり、相続も近いと思われるので、各名義人で管理することになった」旨述べている。

51　使用印鑑の使用状況に着目して預金の帰属を判断　■

①　事例の概要〈名古屋高裁平15.12.25判決〉

　親族等の借名口座の預貯金等について、その使用印鑑の使用状況に着目して家族名義預貯金等の帰属について判断が行われた事例

②　財産の種類

　預貯金

③　要旨

　預貯金の口座に用いられている印鑑は、被相続人の妻が管理していた妻の実印で、妻が土地の売買契約に当たって使用していたことが認められるが、被相続人が同姓の親族の名を使用して借名口座を開設しようとした場合に、同姓の印鑑を使用することはごく自然な行動というべきであり、同姓の印鑑を複数所持している場合、そのどちらかのみを使用すべき必然性は乏しく、現に被相続人とその妻が両者を厳格に使い分けていたことを認めるに足りる客観的証拠はないから、被相続人の妻が管理していた印鑑を使用していた口座は、被相続人に帰属するとされた。

④　チェックポイント

【判断要素】

①	出捐者	○
②	預入行為者	×
③	管理・運用者	×
④	利益享受者	○
⑤	処分者	○
⑥	内部関係	○

⑤　その他の判断要素等

　原資について、生前の被相続人家族の収入状況はどうだったか、管理運用については誰が行っていたのか、金融機関での印鑑の使用状況、管理状況はどうであったかの認定を行っている。

52 贈与税の非課税範囲内で設定された家族名義預金の帰属

① 事例の概要〈名古屋地裁平2.3.30判決〉

　贈与税の非課税範囲内で設定された相続人名義の定期預金が名義預金（被相続人の相続財産）とされた事例

（親から子へ贈与された定期預金について、贈与が成立して名義人に帰属するものであるか、被相続人に帰属するものであるかが争われた事例）

② 財産の種類

　預貯金

③ 要旨

　被相続人は、相続税課税の回避のため、贈与税がかからないように非課税限度額内で定期預金を行っていたが、その定期預金の管理・運用及び払戻し等について、自分の判断で行っていた。

　また、定期預金の通帳や使用印鑑も被相続人宅のタンスの中に保管されており、届出住所も被相続人の自宅住所地であった。

④ チェックポイント

【判断要素】

①	出捐者	○
②	預入行為者	○
③	管理・運用者	○
④	利益享受者	○
⑤	処分者	○
⑥	内部関係	○

⑤ その他の判断要素等

　相続人からは贈与を受けたものであるとの主張がされたものの、相続人名義の定期預金の一部が解約され、相続人の自宅新築資金に充てられていたが、こ

の資金については、贈与税の賦課決定がなされており、異議申立てもなく確定している。

【コメント】
　本件は、名義預金の判断要素である「管理」「運用」の判断について参考になる重要判決である。
　税務署長は、被相続人が銀行における手続きを行っていたこと、また証書、通帳、印鑑を保管していたこと、名義人の姓が変わっているにもかかわらず金融機関の登録が旧姓のままであることなどから当該財産を管理・運用していたのは被相続人であり、相続財産であると主張した。これに対し、原告（納税者）は、本件定期預金は、被相続人が贈与契約を履行したものであり、相続財産ではないと主張していた。
　判決では、「定期預金の非課税限度額の申請手続き、満期後の書換え等の管理及び運営は全て被相続人が行っていた。」また、「贈与契約の履行の主張は、供述や質問応答書等からしても、原告らが主張するような贈与契約があったと窺わせる事実を認めることはできない。」等の事実認定を行ったうえで、定期預金は、原告らの名義であったものの、相続開始まで終始被相続人が管理・運用し、原告らが関与することはなかったとして、被相続人の相続財産であると判示している。

53 預金原資の出捐者が不明な場合の預金の帰属 ■

① 事例の概要〈東京地裁昭61.10.28判決〉

　相続人名義や仮名の定期預金等の帰属が争われた事案で、一部の定期預金については、原資の出捐者（拠出者）は誰かに言及することなく、専ら、<u>当該預金を管理・運営していたのは被相続人であると認められることから、相続財産とされた</u>事例

② 財産の種類

　預貯金

③ 要旨

　相続人名義の15口の定期預金は、被相続人自身が自己の印鑑を使用して設定し、その後の書替手続も被相続人が自己の印鑑を用いて行っているから、被相続人が管理・支配していたものと充分に推認できるとして、当該定期預金は相続財産を構成するとされた。

　仮名の６口の定期預金は、被相続人がこれを<u>設定</u>し、その<u>書替手続</u>をし、その間の利息を受領していたものであり、そして、上記仮名預金の名義人は届出住所地には実在せず、また、当該各預金は最終的には原告らによって中途解約されていることから、被告相続人が管理・支配していたものと推認できるとして、当該各預金は相続財産を構成するとされた。

④ チェックポイント

【判断要素】

①	出捐者	×
②	預入行為者	○
③	管理・運用者	○
④	利益享受者	○
⑤	処分者	○
⑥	内部関係	○

⑤　その他の判断要素等

　出捐者が被相続人であることが明白でなければ、「預入行為者は誰か」、「管理運用者は誰か」などの他の事情が、預金者認定に当たり重要である。

54　相続人が契約者となっている生命保険の帰属　■

①　事例の概要〈平19.6.12裁決〉

　相続人（子供）が契約者となっている生命保険の死亡保険金及び保険契約に関する権利は、被相続人から贈与された金員で保険料を支払っていたものであるから相続財産ではないとの主張が排斥された事例

②　財産の種類

　保険

③　要旨

　本件保険契約に係る保険料は、被相続人の役員報酬及び配当の振込口座である銀行口座から引き出されており、すべて被相続人の所得から賄われている。

　また、贈与の事実については、贈与契約書の作成もなく、保険料の額なども知らなかったのであるから、相続人に受贈の意思があったと認められない。

　更に、本件相続開始までにおける本件保険契約に係る保険料の支払手続は、妻がすべて行っており、当該相続人が行ったことはなく、保険証券もすべて被相続人が保管していた。

④　チェックポイント

【判断要素】

①	出捐者	○
②	預入行為者	○
③	管理・運用者	○
④	利益享受者	×
⑤	処分者	×
⑥	内部関係	○

⑤　その他の判断要素等

　相続人は、生前、被相続人から株式及び現金の贈与を受ける旨の贈与契約書を作成し、贈与税の申告も行っていたが、本件保険契約に係る保険料相当額の贈与に関する贈与契約書の作成はなく、贈与税の申告もしたことがなかった。

　また、相続人は本件死亡保険金を一時所得として申告をしており、被相続人は、自己の所得税の申告において生命保険料控除を適用していなかったが、それだけで生命保険金の帰属が決定するものではない。

〔参考　要旨〕

　「請求人らは、本件保険契約にかかる保険料は、亡Ａから保険料支払の都度贈与されたものである旨主張するが、①贈与は契約であり、本件においても請求人らに受贈の意思が必要であるところ、請求人らは、本件相続の開始まで本件保険契約の要素ともいうべき保険料の額などを知らなかったのであるから、請求人らに受贈の意思があったと認定することは困難であること、②保険料支払の都度贈与されたものであれば、受贈者が成人に達した後は少なくとも保険料の支払の手続を請求人らが行うのが通常であるところ、本件相続の開始までに本件保険契約に係る保険料の支払の手続を請求人らが行ったことは一度もないこと、③本件保険契約に係る保険料相当額の金員を贈与したかどうかが後々問題になることは明らかであるから、贈与事実があれば、贈与契約書を作成するなど贈与事実を証拠化するのが通常であるところ、請求人らと亡Ａ間で、本件保険契約に係る保険料相当額の金員の贈与に関する贈与契約書は一度も作成されていないこと、④多額の贈与を受ければ贈与税の申告を行うのが通常であるところ、請求人らは、本件保険契約に係る保険料相当額の金員について、贈与税の申告を平成15年分を含め一度も行っていないことから、亡Ａから請求人らに本件保険契約に係る保険料相当額の金員の贈与があったとは認められない。」

55　共済契約の実質契約者の判断　　■

①　事例の概要〈宇都宮地裁平12.8.30判決〉

　契約者を被相続人とする共済契約の実質の契約者は相続人（子供）であり、当該契約に関する権利は相続財産ではないとの主張が排斥された事例

②　財産の種類

　保険権利

③　要旨

　本件共済契約に係る証書には、契約者が被相続人（被共済者及び満期受取人は妻、死亡受取人は被相続人）である旨の記載があること、本件共済契約の<u>掛金</u>は、被相続人名義の当座預金口座から支払われていたことから、本件共済契約の契約者は被相続人であり、掛金を負担していたのも被相続人というべきであるから、本件共済契約上の権利は、相続開始時において被相続人に帰属していたと認められる。

　また、本件共済契約締結時の当該相続人の年齢（21歳）に鑑みれば、当該相続人が毎年73万円余りの掛金を支払っていたとは考え難く、被相続人名義の本件共済契約の掛金を当該相続人が支払う合理的理由もないことからすれば、当該相続人が本件共済契約の当事者として本件共済契約の掛金を支払っていたと認めることはできない。

④　チェックポイント

【判断要素】

①	出捐者	○
②	預入行為者	○
③	管理・運用者	○
④	利益享受者	○
⑤	処分者	○
⑥	内部関係	○

⑤　その他の判断要素等

　共済掛金を被相続人から相続人へ贈与していた事実は認められない。

56 請求人の夫名義の預金口座から請求人名義の証券口座に金員が入金されたことは、相続税法第9条に規定する対価を支払わないで利益を受けた場合に該当しないとした事例

① 事例の概要〈令3.7.12裁決〉

　夫名義の預金口座から妻名義の証券口座に金員が入金されたことは、本件の各事情を考慮すれば、当該請求人名義の証券口座において夫の財産がそのまま管理されていたものと評価するのが相当であるとして、相続税法第9条に規定する対価を支払わないで利益を受けた場合に該当しないと判断したものである。

② 財産の種類

　経済的利益（預貯金・有価証券）

③ 要旨

　原処分庁は、夫名義の預金口座からの金員が入金（本件入金）された妻名義の証券口座（本件口座）について、①妻自身の判断で取引を行っていたこと、②本件口座の投資信託の分配金が妻名義の普通預金口座に入金されていたこと、③当該分配金等を妻の所得として確定申告がされていたことから、本件入金は、相続税法第9条に規定する対価を支払わないで利益を受けた場合に該当する旨主張する。

　しかしながら、①妻は、本件入金の前後を通じて夫の財産の管理を主体的に行っており、その管理に係る全部の財産について請求人に帰属していたものと認めることはできないから、本件口座において請求人自身の判断で取引を行った事実をもって利益を受けたと認めることはできない上、②分配金等の入金があっても、妻が私的に費消した事実が認められない本件においては、これを管理・運用していたとの評価の範疇を超えるものとはいえず、③確定申告をしたことは、申告をすれば税金が還付されるとの銀行員の教示に従い深く考えずに行ったものとの請求人の主張が不自然とまではいえず、殊更重要視すべきものとは認められないことなどの各事情を考慮すれば、本件入金によっても、夫の財産は、本件口座においてそのまま管理されていたものと評価するのが相当で

あるため、本件入金は、妻に贈与と同様の経済的利益の移転があったものと認めることはできず、相続税法第9条に規定する対価を支払わないで利益を受けた場合に該当しない。

④　チェックポイント

【判断要素】

①	出捐者	×
②	預入行為者	○
③	管理・運用者	○
④	利益享受者	×
⑤	処分者	×
⑥	内部関係	○

⑤　その他の判断要素等

　本件は相続税法第9条に規定する対価を支払わないで利益を受けたかどうかに係る裁決であり、当該証券口座は夫の財産と認められる。

57　ジョイント・テナンシーに係る不動産の帰属　■

①　事例の概要〈名古屋地裁平29.10.19判決〉

　本件は、夫妻がジョイント・テナンツ（共同所有者）として登記されたアメリカ合衆国カリフォルニア州所在の不動産につき、妻は上記不動産の購入資金を支払うことなくその権利の2分の1に相当する利益を受けたとして、相続税法第9条、国税通則法第65条に基づき贈与税に係る更正処分及び過少申告加算税の賦課決定処分をしたことに違法があるとして、妻が、上記各処分の取消しを求めた事例

②　財産の種類

経済的利益
（土地）

③　要旨

　夫妻は、ジョイント・テナンシー（含有不動産権）の要件を満たす方法により本件不動産を購入し、本件不動産のジョイント・テナンツとして登記されたものであって、それぞれ2分の1の持分を有しているところ、本件不動産の取得に際し、その購入代金の全額を夫が負担していることからすれば、妻は対価を支払うことなく本件不動産の2分の1相当の経済的利益を得たというべきであるから、贈与税の課税の基礎となるみなし贈与があったと認められる。

④　チェックポイント

【判断要素】

①	出捐者	○
②	預入行為者	○
③	管理・運用者	×
④	利益享受者	×
⑤	処分者	×
⑥	内部関係	○

⑤　その他の判断要素等

　妻から本件不動産の取得に関して包括的な委任を受けていたと認められる夫の認識を基準に考えた場合、夫は、①正確な法的意味がどのようなものかはともかく、本件不動産に係る権利の名義が原告と夫の共同名義になること、②それにもかかわらず、原告自身は何ら取得代金の負担を負わないことについては、何ら錯誤なく認識していたものと認められる。夫は、共同所有の形態、すなわちジョイント・テナンシーの法的意味については正確な認識を持っていなかったものと認められるが、上記①及び②についての認識があれば、みなし贈与を根拠とする課税の基礎となる事実関係、すなわちある者が出捐（拠出）を伴うことなく経済的利益を得るという事実関係についての認識に食い違いがあるとはいえないから、夫の認識が正確ではなかったことは、課税の基礎となる事実関係についての錯誤に結び付くものではない。

〔参考〕
●ジョイント・テナンシーにより不動産を購入したケースで、贈与税が課税された事例として東京高裁平成19年10月10日判決（TAINS・Z257-10797）がある。
●ジョイント・テナンシーの不動産を相続した場合に相続税が課税された裁決として、平成27年8月4日裁決（TAINS・J100-4-09）がある。

贈与税決定処分等取消請求控訴事件（東京高裁平成19年10月10日判決）
《判示事項》
(1)　ジョイント・テナンシーの成否にかかわらず、納税者（被相続人の妻）の持分は零であると解するのが相当であるとする納税者らの主張が、仮にジョイント・テナンシーが成立しないとしても、被相続人夫妻がジョイント・テナンツであることを明示した譲渡証書に各自署名していることからすれば、納税者（被相続人の妻）は、被相続人とともにジョイント・テナンシーという共同所有形態を認識・了解の上で本件不動産を取得する意思であったことは明らかであり、ジョイント・テナンシーの成立要件では、共同所有形態においては各自の持分が均等であるとされていること、被相続人夫妻の間で本件不動産の持分につきこれと異なる合意がなされたと認めるに足りる証拠は存在しないことなどからすれば、納税者（被相続人の妻）は、テナンシー・イン・コモンの共同所有形態により、被相続人と2分の1の持分割合で本件

不動産を取得したと認めるのが相当であるとして排斥された事例（原審判決引用）

(2)　本件不動産の購入代金は全て被相続人が負担しており、納税者（被相続人の妻）は本件不動産に関する購入代金を負担することなく本件不動産の持分2分の1を取得したものと認められるから、相続税法9条（贈与又は遺贈により取得したものとみなす場合）により、本件不動産の持分2分の1の価額に相当する金額、すなわち、本件不動産の購入代金の2分の1の金員を被相続人から贈与により取得したものとみなすのが相当であるとされた事例（原審判決引用）

(3)　納税者（被相続人の妻）の名義取得は「名義上の利益付与」にすぎず、取得した利益全額も残存していない旨の納税者の主張が、納税者（被相続人の妻）は、たとえ短期間であったとしても、対価を支払わずに本件不動産の持分2分の1を取得したことは明らかであり、よって、同持分に相当する利益を受けていることも明らかであるとして排斥された事例（原審判決引用）

(4)　不動産の物権変動に関する準拠法は、法例10条により本件不動産の所在地であるカリフォルニア州法であるとされた事例（原審判決引用）

(5)　本件不動産に係る贈与証書には贈与者たる納税者（被相続人の妻）の名前や受贈者たる納税者（被相続人の息子の妻）の名前が記載されておらず、同証書が納税者（被相続人の息子）夫妻に交付された事実を認めるに足りる証拠はない上、同証書に記載された文言には、将来本件不動産の所有権を移転させる意図が示されていることなどの事実からすれば、同証書は米国カリフォルニア州における不動産譲渡証書が有効であるための各要件を満たしておらず、物権を移転するための有効な不動産譲渡証書に該当しないといわざるを得ないとされた事例（原審判決引用）

(6)　譲渡証書2は、米国カリフォルニア州における不動産譲渡証書が有効であるための各要件を全て満たしていると認められるから、同証書が納税者（被相続人の息子）夫妻に交付された平成12年4月28日から同年5月5日までの間に本件不動産の所有権が同夫妻に移転したとみるのが相当であり、同夫妻が贈与を原因として不動産の所有権を取得したのは同日以降であると認められるから、本件贈与には租税特別措置法69条2項が適用されることとなるとされた事例（原審判決引用）

(7)　租税法上の贈与による財産の取得時期（原審判決引用）

(8)　贈与による不動産の所有権移転時期は「本件贈与証書により当該贈与の意

思が明白になった時」ないし「同贈与証書による条件が完全に成就した時」と解するのが相当であるとの納税者の主張が、贈与による財産の移転時期については相続税法基本通達で明らかにされており、納税者の主張は独自の解釈であるといわざるを得ないとして排斥された事例（原審判決引用）

⑼　本件贈与証書によって書面による停止条件付きの贈与が行われ、その後の譲渡証書の作成によって遅くともその作成日には納税者（被相続人の息子）夫妻に本件不動産の所有権が移転したのであり、これは本件贈与が書面によらない贈与とされる場合であっても異ならないとの納税者らの主張が、当該主張を前提とすれば、譲渡証書の作成によって条件が成就し、その時点で同夫妻に本件不動産の所有権が移転する以上、その後さらに不動産を無償譲渡する旨の譲渡証書を作成する必要はなく、この点に関する納税者らの主張は不合理であるとして排斥された事例（原審判決引用）

⑽　本件において納税者は、亡夫と共に、ジョイント・テナンシーを創設して不動産を購入していることが明らかであるところ、ジョイント・テナンシーにおいては、各自の持分が均等であるとされているのであるから、ジョイント・テナンシー又はテナンシー・イン・コモンの共同所有形態により本件不動産の権利の2分の1を取得したものと認めるのが相当であり、本件不動産の購入代金はすべて亡夫が負担したのであって納税者は、購入代金を負担することなく本件不動産を取得したものであるから、少なくとも、相続税法9条により、本件不動産の持分2分の1の価額に相当する金額、すなわち、本件不動産の購入代金の2分の1の金員を亡夫から贈与により取得したものとみなされるとされた事例

⑾　米国カリフォルニア州に所在する不動産の贈与の効力の発生時について、租税特別措置法69条の規定は、「平成12年法律第13号の施行日（平成12年4月1日）以降に贈与により取得した財産」に係る贈与税について適用されるところ、この「財産の取得」がいつの時点でなされたかは、国税通則法15条2項5号にいう「贈与による財産の取得の時」の解釈と同様、贈与による財産権の移転が当事者間において確定的に生じたものと客観的に認められるか否かにより判断していくのが相当であるところ、本件では、贈与の対象となる不動産が米国カリフォルニア州に所在するので、同不動産の物権変動については、本件贈与税決定処分がされた当時施行されていた法例10条1項に基づき、同州法を準拠法として判断していくことになるとして、カリフォルニア州民法に規定する不動産物件変動の要件を満たす譲渡証書の成立日に贈与の

効力が生じたものとされた事例

（相続税の課税価格の計算　相続開始前３年以内の贈与）（平成27年８月４日裁決）
被相続人が米国 f 州にジョイント・テナンシーの形態で所有していた不動産について、生存合有者（ジョイント・テナンツ）が取得した被相続人の持分は、みなし贈与財産に該当し、相続税の課税価格に加算されるとした事例
《要旨》
　請求人らは、ジョイント・テナンシーの形態により被相続人が米国 f 州に所在する不動産（本件不動産）について有する持分は、我が国における共有財産ではないから、相続税の課税価格に算入されるべきものではない旨主張する。
　しかしながら、被相続人及び請求人Ｐ２がジョイント・テナンシーの形態で所有している本件不動産については、ジョイント・テナンツ（合有者）の一人である被相続人が死亡したことにより、その権利は、相続されることなく、生存者への権利の帰属（サバイバー・シップ）の原則に基づいて、残りのジョイント・テナンツである請求人Ｐ２の権利に吸収されたものと認められる。そして、サバイバー・シップの原則により請求人Ｐ２の権利が増加した時に対価の授受があった事実は認められないから、生存者である請求人Ｐ２は相続税法第９条《贈与又は遺贈により取得したものとみなす場合—その他の利益の享受》に規定する「対価を支払わないで利益を受けた場合」に該当すると認められるところ、この権利の増加は、同条により、請求人Ｐ２が被相続人から贈与により取得したものとみなされる。さらに、この権利の増加につき、請求人Ｐ２には、相続税法第19条《相続開始前３年以内に贈与があった場合の相続税額》第１項が適用されることとなる。したがって、被相続人がジョイント・テナンシーの形態で所有する本件不動産の持分については、請求人Ｐ２が被相続人から贈与により取得したものとみなされ、本件不動産の価額の２分の１に相当する部分の金額については、相続税の課税価格に加算すべきものと認められる。

財産種類別・判断基準・キーワード

納税者勝訴の場合のポイント

	財産種類	判断基準・キーワード
1	預貯金	・原資出捐者（拠出者）、管理・運用者等が主張・立証できないと不利になります。 ・収入比あん分を用いる場合、収入期間や収入状況、生活状況等一切の要素を考慮した上で収入割合を決定すべきです。 ・贈与税の申告があっても、その納税状況、管理・運用状況、利益の享受者等を考慮して判断されます。
2	現金・出金	・記録を残し、証拠書類を保存することが大切です。 ・手続を行った者の特定と申述が問われます。

財産種類別・判断基準・キーワード

納税者敗訴の場合のポイント

	財産種類	判断基準・キーワード
1	預貯金	・親族間の金銭貸借には、契約書の作成や経緯を示す資料の保管が重要となります。 ・贈与の事実には、申告、実態、管理処分権の移転を示す事実が必要となります。 ・帰属認定不明の場合→収入比あん分を用いて帰属を主張する方法があります。 ・出捐者（拠出者）が明白でなければ、「預入行為者は誰か」、「管理・運用者は誰か」などの他の事情が重要になります。 ・口座開設の意思決定は、誰が行ったのかが問われます。 ・贈与の事実が明白でなければ、へそくり預金は、基本的に相続財産となります。
2	割引金融債	・所在の確認できない割引債券は、証拠となる資料が少ない場合であっても、何らかの判断を示す必要があります。 ・収入割合でのあん分を主張するには、贈与等の権利変動の事実を主張立証するか、取得原資を出捐（拠出）した証拠が必要となります。
3	株式	・管理・運用の証拠として、印鑑が重要となります。 ・株式取引等の包括的委任は、委任契約書を作成し、当該契約に沿った行動がなされることが重要です。 ・株式配当の申告をしていても、原資の出捐（拠出）、贈与の有無、管理・運用状況等の総合考慮が問われることになります。

	財産種類	判断基準・キーワード
4	生命保険 共済契約	・保険料負担者が誰かが確認されることになります。 ・保険料負担者、保険契約者、被保険者及び受取人の関係並びに保険契約に至るまでの経緯の確認もされます。
5	土地・建物 借地権	・贈与証書の内容に矛盾点はないか確認されます。 ・固定資産税の負担者、使用状況の確認が重要となります。 ・不動産取得経緯が問われます。

Ⅱ　所得税

1　有価証券取引における包括的委託の場合の帰属　　■

①　事例の概要〈熊本地裁昭57.12.15判決〉

　原告が妻に証券を贈与したわけではなく、多忙のため配当金を受け取ったり投資信託を切り替えたり等を妻に任せたにすぎない場合、各証券会社との間の有価証券取引については、その個別的、具体的な取引行為自体は妻が担当していたものであるが、原告の包括的な委託に基づくものであって、その取引による所得はすべて原告に帰属するとされた事例

②　財産の種類（争点）

　有価証券取引
　所得（実質帰属者）

③　要旨

　各証言及び原告本人尋問の結果を総合すると、原告は第二次大戦後個人で事業を始め、それから得た利益は無記名の定期預金にしていたが、昭和27、28年頃数千万円以上あった預金のほとんどを投資信託に切り替え、昭和34、35年頃から株式の取引も始め、それ以降は右投資信託を次々に株式に切り替えたこと、右取引についてはすべて仮名でしていたこと、原告は妻が昭和37年頃癌の手術をして自宅療養をしていた際、当時事業の経営に多忙を来たしていたこともあって、この頃持っていた証券関係の書類や印鑑等を一切妻に預けたこと、妻に任せた際、額面は約2億円にも上っていたこと、なお原告の意思としては、妻に右証券を贈与したわけではなく、多忙のため配当金を受け取ったり投資信託に切り替えることなどを妻に任せたにすぎないこと、したがって、原告は証券会社の担当者と電話中の妻に対して、その株は売るなとか買うなとかという指示をすることもたびたびあったこと、また昭和41、42年頃妻が癌の再治療を受けていた間は、再び原告が妻に代わって、株式取引をしていたこと、昭和46年頃において妻が野村、大和、新日本の各証券会社に預けていた証券の価額は、それぞれ数千万円又は1億円を超えるものであったこと、野村証券熊本支店営業課長であったAが妻から預った株券を無断使用した件について、その発覚前は妻に対してAに売買報告書や預り証を持って来るよう何回も要求させ、その弁償方について野村証券側と交渉した際も、ほとんど原告が中心となってこれ

に当たり、昭和47年7月18日頃原告にとって有利な条件で話をまとめたこと、更に本件につき熊本国税局の調査が始まった昭和49年2月頃、原告は野村証券熊本支店の総務課長や営業課長に対して、自分は取引内容は知らないから一切話したり、取引内容に関する書類は出さないでくれ、と数回頼んでいること、以上の事実が認められ、右事実によれば昭和47年における野村、大和、新日本の各証券会社との間の<u>有価証券取引については</u>、その個別的、具体的な取引行為自体は妻がこれを担当したものであるが、これらはいずれも<u>原告の包括的な委託に基づくもの</u>であって、その取引による所得はすべて原告に帰属したものと認めるべきである。

④　チェックポイント

【判断要素】

①	包括的な委託の有無	○
②	証券書類・印鑑	○

⑤　その他の判断要素等

各証言（証券会社の担当者等）
原告本人証言

259

② 仮名預金における課税庁の主張が排斥された事例 □

① 事例の概要〈東京地裁平5.10.20判決〉

　納税者が本件仮名預金の存在を承知しておらず、かつ、これらの預金の届出印鑑を所持していても、納税者が右各届出印を預金者から借用して所持することは十分考えられることであるから、右事実のみでは、これら預金が納税者に帰属すると認めるには不十分であるとされた事例

　本件各仮名預金の開設状況及び入金方法等についての納税者の供述が客観的事実と異なること、並びに、本件各仮名預金の他に甲及び乙名義の預金が存在し、納税者がこれらの預金の存在を本訴において主張しなかったことから、本件各仮名預金は納税者に帰属しないとの課税庁の主張が排斥された事例

② 財産の種類（争点）

　預金

③ 要旨

　被告は、本件各仮名預金の開設状況及び入金の方法等についての原告本人の供述が客観的事実と異なること及び東京産業信用金庫上野毛支店には、本件各仮名預金の他にもA及びBの預金が存在し、原告がこれらの預金の存在を本訴において主張しなかったことから、原告は本件各仮名預金を管理していたとはいえず、したがって、これらの預金は原告に帰属するものとはいえないと主張する。

　確かに、〔証拠略〕によれば、昭和54年から同59年頃まで東京産業信用金庫の上野毛支店で原告を担当する得意先係であったCは自ら原告に仮名預金を勧めたことはないと述べていることが認められ、これは得意先係から勧められて本件各仮名預金を始めたとする原告本人尋問の結果とは異なるものである。しかしながら、〔証拠略〕におけるCの供述内容は、同人が原告に依頼されて仮名預金を作ったという可能性まで否定するものではない。そして、仮名預金は、不正の目的でなされたとの疑いがかけられやすいものであるから、法廷において原告が自ら積極的にではなく、他の勧めによって仮名預金を作ったと述べようとしたこともあり得ないことではない。右のような可能性を考慮すると本件各仮名預金の開始状況に関する原告本人の供述が、右Cの供述と異なるからとい

って、別記の認定を覆すまでには至らないというべきである。

　また、〔証拠略〕によれば、本件各仮名預金の入金は窓口でなされていることが認められ、これは原告の店舗併用住宅まで得意先係が出向いて現金を預かる方法で入金したとする原告の供述と異なるものである。しかしながら原告本人尋問の結果によれば、預金は主に原告の妻Dが管理していたことが認められ、Dが<u>預金証書と印鑑</u>をもって窓口で入金した可能性は十分考えられるから、本件各仮名預金が窓口で入金されたという事実は、これらの預金が<u>原告に帰属したとの認定</u>を妨げるものではない。

④　チェックポイント

【判断要素】

①	開設状況	○
②	預入行為（入金）	○
③	預金証書、印鑑	○

⑤　その他の判断要素等

　得意先係の供述
　原告本人の供述

③　複数の書店における実質経営者の判断基準　□

①　事例の概要〈平4.12.10裁決〉

仕入先との取引を同一名義、同一商号を使用している場合の実質経営者の判断基準が示された事例

②　財産の種類（争点）

所得（実質経営者）

③　要旨

　仕入先との取引を同一名義で行い、同一の商号を使用している複数の書店のそれぞれの実質の経営者が誰であるかを判断する場合には、仕入先との取引関係のみならず、開店資金の支出状況、事業用資金の借入れ及び返済状況、仕入代金の決済状況、家賃その他の経費の支払状況等、事業活動の種々の実態を総合して判断するのが相当である。

　同一の商号を使用している複数の書店の各店舗は、いずれも請求人主張の経営者が、それぞれ開店資金を支出し、事業用資金も自ら調達するとともに、書籍等の仕入代金や店舗の家賃等の経費も自ら負担しているものと認められ、ただ、仕入れの便宜や新規開店するための面倒な手続を回避するため、形式上は請求人の支店として諸手続が処理されていたものと認められ、その実質に着目すれば、各店は、いずれも請求人主張の各経営者が、それぞれ独自の収支計算の下に行っている、独立した店舗であるといわざるを得ない。

④　チェックポイント

【判断要素】

①	仕入先との取引関係	○
②	開店資金支出状況	○
③	事業用資金の借入れ・返済状況	○
④	仕入代金の決済状況	○
⑤	経費の支払状況（家賃等）	○

⑤　その他の判断要素等

ＡＢＣ書店	ＡＢＣ書店	ＡＢＣ書店

・同一商号使用
・複数の書店の経営　　　請求人主張の経営者

4　家族名義の現物株式の帰属者の判断基準　■

①　事例の概要〈東京高裁平6.6.23判決〉

　納税者及び家族名義の現物株式は、納税者の収入によって取得されたものであり、かつ、納税者によって支配、管理が行われていたと認められるから、その売買による損益も納税者に帰属するとされた事例

②　財産の種類（争点）

　株式（売買による損益）

③　要旨

　他人の名義を使用して経済活動を行うことは常にみられるところであって、このような場合に資産や財貨の帰属はその実質的な主体が誰であるかによって決定されるのであり、名義人が誰であるかのみによって決定されるわけではないことはいうまでもない。ことに現物株式の場合には、株主権行使の必要がなければ名義の書換えが全く行われないまま転々と受渡しが行われることも多い上、不動産のように名義が直接に課税に結び付くものでもないから、名義移動の有無は、権利の帰属を判断する際に重要な要素となるともいえないのである。現物株式の帰属の問題は、他人名義が使用された経過とその他諸般の事情を斟酌し、誰が資産財貨の取得のために出捐したのか、誰が資産財貨に対する管理処分を行い、誰が資産財貨から得られる利益を享受しているかという観点から判断すべきである。

　本件の場合、昭和37年以降の新規の株式取引は納税者の収入のみによって行われたこと、納税者が家族名義の現物株式を自由に管理処分し、自己の判断でその売却代金を使用していたこと、株式取得資金や売却代金の管理が家族名義ごとに区分して行われておらず、家族名義の株式譲渡所得の申告も行われなかったことが認められるのであるから、家族名義の株式は納税者の保有する株式であり、それらの取引は納税者に経済的効果が帰属するものとして行われたとみるべきである。

④ チェックポイント

【判断要素】

①	出捐	○
②	管理処分	○
③	利益享受（売却代金使用）	○

⑤ その他の判断要素等

他人名義が使用された経過とその他諸般の事情
名義ごとに区分して取引しているか
家族名義の株式譲渡所得申告の有無

5 　他人名義による株式取引の実質帰属者 ■

① 　事例の概要〈名古屋高裁平7.4.17判決〉

株式取引の実質帰属者は、納税者であると判定された事例

② 　財産の種類（争点）

株式（配当金）

③ 　要旨

　訴外A社株式の名義が、いずれも決算期直前に納税者から訴外甲らに変更され、名義変更後に納税者名義の訴外A社株式と合わせて納税者名義取引口座で売却されていること、また、株式取引は訴外甲らとの共同取引ではなく納税者の単独取引で認められることから、訴外甲らに名義変更された訴外A社株式は実質的に納税者に帰属していたものであり、訴外甲らが受領した訴外A社の配当金は納税者に帰属するとされた。

④ 　チェックポイント

【判断要素】

①	取引口座内売却	○
②	配当金の帰属	○

⑤ 　その他の判断要素等

（A社株式）

納税者名義	→（決算期直前変更）→	甲ら名義
株式取引：単独取引		納税者名義取引口座で売却

6　妻等の名義口座の実質帰属者　■

①　事例の概要〈静岡地裁平 7.10.26判決〉
口座の実質帰属者は、納税者であると判定された事例

②　財産の種類（争点）
預金（口座の損益）

③　要旨
　納税者の妻等名義の口座は、納税者が口座開設を行っており、証券会社の担当者も納税者の口座であると認識していること、それらの口座と納税者名義の口座間に多額の資金移動が存在することなどから、それらの口座は納税者が自己のために開設した借名口座であり、それらの口座における損益は納税者に帰属するとされた。

④　チェックポイント
【判断要素】

①	口座開設者	○
②	口座間の資金移動状況	○

⑤　その他の判断要素等
証券会社担当者の認識

〔重加算税について〕
(1)　納税者が納税者以外の名義による株式取引の所得を隠匿したことは国税通則法第68条第1項に規定する、国税の課税標準等の計算の基礎となるべき事実の隠蔽・仮装に該当し、このことは、同法第70条第5項の「偽りその他不正の行為」によつて虚偽の申告をした場合に該当するとされた事例
(2)　借名口座による株式売買に係る所得が納税者に帰属するにもかかわらず、納税者がその株式売買に係る所得を申告しなかつた行為は国税通則法第68条《重加算税》第1項に規定する「国税の課税標準等又は税額等の計算の基礎と

なるべき事実の一部を隠蔽し、又は仮装し、その隠蔽し、又は仮装したところに基づき納税申告書を提出したとき」に該当するから、重加算税の賦課決定は適法であるとされた事例

7 家族名義の株式取引の実質帰属者(1) ■

① 事例の概要〈大阪地裁平8.8.28判決〉

家族名義の株式取引の実質の帰属者は、納税者であると判断された事例

② 財産の種類（争点）

株式

③ 要旨

　納税者の家族名義の株式取引は、株式購入資金が家族の<u>出捐</u>したものと考えられないことや、納税者がその意思と判断に基づき<u>証券会社</u>に委託して行ったものと認められることから、家族名義による株式取引も納税者が自己の計算で行ったものと認められるとされた。

④ チェックポイント

【判断要素】

①	購入資金（出捐）	○
②	意思と判断（委託）	○

⑤ その他の判断要素等

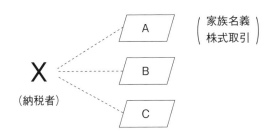

8 家族名義の株式取引の実質帰属者(2) ■

① 事例の概要〈最高裁平10.10.13判決〉

　家族名義の株式取引の実質の帰属者は、納税者（世帯主一人）であると判断された事例

② 財産の種類（争点）

　株式

③ 要旨

　家族名義の株式売買に係る所得は、各人が購入資金を出し、買付けの指示をしていたのであるから、各人に帰属するものであるとの納税者の主張が、家族の証言は株式取引開始時期及び資金の説明に一貫性がないことや、家族が自己の判断に基づいて株式取引を行っていたとは認められないことなどから、本件株式取引は世帯主において自己の計算において行ったものであり、その所得は世帯主一人に帰属するとして排斥された。

④ チェックポイント

【判断要素】

①	購入資金（出捐）	○
②	買付け指示	○

⑤ その他の判断要素等

　家族の証言

9 家族名義の株式取引の実質帰属者(3) ■

① 事例の概要〈大阪高裁平11.4.8判決〉

家族名義の株式取引の実質の収益の帰属者は、納税者であると判断された事例

② 財産の種類（争点）

株式

③ 要旨

家族名義の株式取引による収益の帰属は、<u>株式取引の方針決定、実行手続全般</u>にわたり<u>支配的影響力</u>を行使していた納税者に帰属するというべきであり、家族が納税者に対して、その預金を資金として家族名義で株式取引を行うことを承認し、売却益が家族名義預金口座に入金されていたという点は、納税者が家族名義や資金を使用することの承諾と、これにより<u>一旦</u>納税者に法的に帰属した収益の分配にほかならないとされた。

④ チェックポイント

【判断要素】

①	支配的影響力	○
②	取引方針の決定	○
③	実行手続全般	○
④	売却益（収益）	○

⑤ その他の判断要素等

家族名義取引の承認

10　事業所得の実質帰属者　　■

①　事例の概要〈平12.1.25裁決〉

　請求人（眼科医院）の妻はコンタクトレンズ等の販売に係る事業の収益を事業所得として所得税の確定申告をしているが、その収益は請求人に帰属すると認定された事例

②　財産の種類（争点）

所得（実質帰属者）

③　要旨

　請求人は、医療法及び薬事法の規制により、請求人の営む眼科医院とコンタクトレンズ等の販売事業とを分離し、その<u>経営者及び申告名義</u>を請求人の妻としたのであるから、租税回避を目的として制定された所得税法第12条の適用はなく、本件販売事業の収益は請求人の妻に帰属する旨主張する。

　しかしながら、本件販売事業は、眼科医院と明確に分離されているとは認められず、請求人がその<u>経営方針の決定等</u>について<u>支配的影響力</u>を有していること、また、所得税法第12条は、その基礎となる所得の帰属について表見的な他の法律上の形式又は効果にかかわらず、<u>実質的な経済効果</u>に着目し、<u>その効果を現実に享受する者</u>を税法上の所得の帰属者として課税しようとするものであり、他の法律上無効又は取り消し得べき行為であっても、その行為に伴って経済効果が発生している場合には、<u>その効果を現実に享受する者</u>について課税することは何ら妨げられないと解すべきであるから、本件販売事業の収益は、<u>請求人に帰属</u>する。

④　チェックポイント

【判断要素】

①	支配的影響力	○
②	効果の享受	○
③	経済効果の発生	○

⑤　その他の判断要素等

医療法と薬事法の規制

事業ごとの分離具合

⑪ 事業の実質的帰属者は請求人ではないとされた事例 □

① 事例の概要〈平12.6.27裁決〉

　形式的には請求人がコンクリート製品製造卸売の下請業の事業主であるものの、平成9年4月以降の当該事業の実質所得者は、請求人の母親であると認められた事例

② 財産の種類（争点）

所得（実質所得者）

③ 要旨

　原処分庁は、コンクリート製品製造卸売業者である取引先と契約した工場業務下請契約書の名義が請求人となっていること、労務提供の対価を請求人名義で請求していること、当該契約書上危険負担は請求人が負うこととされていることなどから、この下請事業から生じる収益は請求人に帰属すると主張する。

　しかしながら、①平成8年9月に請求人が取引先とトラブルを起こして以来、取引先との交渉及び事務連絡等は、請求人の従業員として取引先の工場内で働いていた請求人の母親が行っていたこと、②平成8年12月下旬以降、請求人は、中長期の入退院を繰り返し、事業の指揮監督等を行える状況にはなかったこと、③平成9年4月以降、収支明細帳を母親が記載していること、④平成9年4月分以降の収益は請求人の母親が享受していると認められ同年6月分以降の収入は、母親の口座に振り込まれていること、⑤平成9年4月以降において請求人が作成していた経費帳に、この取引に関する経費は計上しておらず、労働保険も掛けていないことなどからすると、形式的には請求人が当該事業の事業主ではあるものの、平成9年4月以降の当該事業に係る実質所得者は、請求人の母親であると認められる。

④　チェックポイント

【判断要素】

①	事務連絡先	○
②	指揮監督	○
③	収支明細帳の記帳	○
④	収益の享受	○

⑤　その他の判断要素等

取引先との契約書

12　貸金業者登録名義と異なる実質帰属者の判断　■

①　事例の概要〈平12.10.30裁決〉

　貸金業者登録の名義にかかわらず、貸金業に係る所得は請求人に帰属し、その所得は雑所得ではなく事業所得になるとされた事例

②　財産の種類（争点）

所得の帰属者と所得の種類

③　要旨

　請求人は、屋号をＦとする貸金業の貸金業者登録がＡであること及びＡ自身が事業主として税務署へ申告していることを根拠に、Ｆの経営者はＡである旨主張するが、請求人は、事務所を賃借し、屋号をＦとして、多数の借名又は仮名の銀行等の預金口座並びに他人名義の担保権設定登記を用いて、複数の者に対して、金員を貸し付けていたことが認められるから、Ｆの事業主は、請求人であると認めるのが相当であり、Ａ名義での貸金業者登録及び確定申告の事実があるとしても、このことが当該認定の妨げとはならないというべきである。

　金銭の貸付行為が所得税法上の事業に該当するか否かは、社会通念に照らして、当該行為が事業と認められるか否かによって判断すべきであるが、その判断に当たっては、営利性、継続性及び独立性が認められるか否かが基準になるところ、具体的には、貸付先との関係、貸付けの目的、貸付金額、貸付利息の収入状況、担保権設定の有無、貸付資金の調達方法、貸付けのための広告宣伝の状況その他諸般の状況を総合的に勘案して判断するのが相当である。

　本件について、請求人は、①屋号をＦとする金融業の事業主であると認定されること、②貸付先から担保を徴していること、③請求人の母から、資金を借り入れるなど、請求人自らの責任において貸付資金を調達していたことなど、請求人の金銭の貸付行為は、営利を目的として社会通念上の事業として行われていると認めるのが相当であるから、請求人が金銭の貸付けを行ったことによって生じた所得は事業所得となる。

④　チェックポイント

【判断要素】

①	事務所の賃借人	○
②	貸付先との関係、担保の徴収状況	○
③	貸金業者登録	×
④	確定申告	×

⑤　その他の判断要素等

事業所得の要件
①営利性、②継続性、③独立性

13 家族名義の株式取引の実質帰属者(4) ■

① 事例の概要〈東京高裁平15.3.11判決〉

　本件有価証券取引のうち、納税者の家族名義の取引は各人の資金で行われたから各人の取引であるとの納税者の主張が、本件有価証券取引の資金中に、納税者の主張する各家族名義の貯金からの引出金があっても、納税者とその家族各人には、その取引が各人の取引であるとの認識もなく、本件有価証券取引はすべて、納税者が、納税者の判断と計算で行った納税者の取引であると推認することができるとして排斥された事例

② 財産の種類（争点）

　有価証券
　所得（口座）の実質帰属者

③ 要旨

　株取引による利益は、その元手となる資金を出資した者の所得となるとの納税者の主張が、納税者及び納税者の家族名義の各口座間において株券及び資金の移動がされており、これらの口座は納税者によって支配・管理されていたことなどから、有価証券取引による収益すなわち所得はすべて納税者に帰属することは明らかであるとして排斥された。

④ チェックポイント

【判断要素】

①	口座の支配・管理	○
②	出捐者	○

⑤ その他の判断要素等

　資金出捐者
　各人の各取引の認識

14　株式の譲渡所得が名義人に帰属するとされた事例　　□

①　事例の概要〈平15.12.1裁決〉

A社株式の譲渡による所得は、名義人である妻に帰属するとされた事例

②　財産の種類（争点）

株式の譲渡
所得の帰属者

③　要旨

　請求人（A社及びB社の代表者）の妻は、A社株式を取得する意思をもって
C銀行らと売買約定書を締結し、その取得代金は請求人から借り入れて支払い、
借入金の一部を自己資金で返済したものと推認される。また、妻は、取得した
株式の一部をF銀行らに譲渡する意思をもって売買契約書を締結し、その譲渡
代金で請求人からの借入金残金を返済し、余剰資金から請求人及びB社への貸
付けをし、残額は株式譲渡に係る申告所得税及び同人の預金に充てられ、譲渡
残株の全部を所有し、権利を行使しているものと推認することが相当である。
　請求人は本件株式の取得資金を全額支出しているところ、妻との間に金銭消
費貸借契約書等を作成せず、請求人と妻の財産債務明細書にも資金についての
貸借残高がある旨の記載がされていないなど資金の貸借関係を肯定できない点
もあるが、当該資金は、本件株式を譲渡する以前に妻の自己資金と認められる
金員及び本件株式の譲渡代金で全額清算されており、当該資金について貸借関
係があったものと推認することが合理的な判断と認められる。
　本件株式の取得動機は、株式を所有していたC銀行らとの銀行取引が終了し
たことに基因し、また、本件株式の譲渡動機はF銀行らとの新規取引等に基因
するものであり、株式公開を目前にしていたA社としては、株式の新たな受け
皿が誰になるかは、重要な資本政策であったものと認められるところ、本件株
式を取得又は譲渡するに際し、株式の交渉等を請求人及びA社の役員が行い、
妻が交渉等しなかったとしても不自然なことではない。
　C銀行らとの売買約定書には、妻の署名と実印が使用されていること、本件
株式の取得資金等は妻名義預金口座から入出金されていること、取得代金は請
求人から貸借したものと推認されること、譲渡代金は妻が全額受領し、利益を

享受していると推認されること等を総合勘案すると、本件株式の名義人が妻であることは形式的なものである旨の原処分庁の主張には理由がなく、本件株式の譲渡所得は妻に帰属するものと判断せざるを得ない。

④　チェックポイント

【判断要素】

①	売買約定書の有無	○
②	売買約定書の署名と実印	○
③	取得資金の原資	○
④	譲渡代金（利益を享受）	○

⑤　その他の判断要素等

　資金の貸借関係
　取得動機（取得意思）

15 風営法上の届出人でない請求人が営業主体であるとされた事例

① 事例の概要〈平17.6.2裁決〉

　請求人が風営法上の届出人でないとしても、賃借人としての契約の意思をもって賃借人と契約を交わしておりタレントの招へい及び酒の仕入れ等クラブの経営の根幹にかかわる業務に関与していることなどから営業主体は請求人であるとされた事例

② 財産の種類（争点）

　所得の帰属者（営業権）

③ 要旨

　賃貸借契約における賃借人は、特段の事情がない限り、賃借人としての契約意思をもって賃貸人と契約を交わした者であるところ、請求人は、A社との間で本件店舗（クラブの入居する建物部分）の賃貸借契約を締結しており、本件店舗の賃借人は、請求人と認めることができる。

　請求人は、本件クラブの営業権を甲に譲渡した旨主張する。しかしながら、①営業権の譲渡という事柄の性質上、書面の交換がされないとは通常考え難いところ、請求人は事実を裏付ける証拠を提出していないこと、②請求人が借り入れた開業資金を甲が代わって返済することを約したと認めることはできないこと、③タレントの招へい及び酒の仕入れ等のクラブの経営の根幹にかかわる業務については、もっぱら請求人が関与していたこと等から、本件クラブの営業権を有する営業主体は請求人であると認められる。したがって、その収益は請求人に帰属する。

④　チェックポイント

【判断要素】

| ① | 賃借状況（賃貸借契約） | ○ |
| ② | 経営の根幹にかかわる業務 | ○ |

⑤　その他の判断要素等

　営業権の譲渡

　風営法上の届出人

（注）　風営法：風俗営業等の規制及び業務の適正化等に関する法律

16　事業主の判断基準　　　　■

①　事例の概要〈神戸地裁平21.5.27判決〉

　事業主の判断については、事業許可等のみならず、事業資産や事業資金の調達・管理、利益の管理・処分状況、従業員の雇用等事業の運営に関する諸事情を総合的に勘案して判定すべきとされた事例

②　財産の種類（争点）

所得の帰属者（事業主）

③　要旨

　判断基準となるべき誰が事業の経営方針の決定につき支配的影響力を有するかという点は、実質所得者課税の原則を定めた所得税法第12条の趣旨にかんがみ、事業許可等の名義のみならず、事業資産や事業資金の調達・管理、利益の管理・処分状況、従業員の雇用等事業の運営に関する諸事情を総合的に勘案して判断すべきである。

　原告は、本件土地建物を開業場所として確保し、開業資金の融資を受けるため銀行との交渉に当たり、保証人となってその融資を実行させ、開業のため重要となる地元対策もほぼ一手に引き受け、郊外型パチンコ店に必要不可欠な駐車場用地の確保についても、自ら所有者と交渉して賃貸借契約の締結に至り、パチンコ店施設である自動玉配給装置等についても、ほぼ一人で業者との折衝に当たるなどパチンコ店営業のために必要不可欠な準備行為について主導的な役割を果たしている。

　原告は、パチンコ店Aの開業後も、その売上金の管理や処分について、実質的な権限を有し、Aにおける人事や取引業者との折衝にも深く関与して、従業員や取引業者の間でも営業許可や契約の名義が原告の妻戊とされていたにもかかわらず、実質的には原告がAの経営者であると認識されることも少なくなかったことからすると、A関連の風俗営業許可及び各種契約、書類等の名義が戊とされ、同人がAの日常業務に従事していたことを考慮したとしても、なおAの事業の経営方針の決定につき支配的影響力を有していたのは原告であるというべきであり、原告がAの事業主に該当すると推定される。

④　チェックポイント

【判断要素】

①	事業許可の名義人	×
②	事業資産、事業資金の調達・管理状況	○
③	利益の管理・処分状況(実質的な権限)	○
④	従業員の雇用状況	○

⑤　その他の判断要素等

従業員や取引業者の認識

17　事業所得の帰属者の判定基準　■

①　事例の概要〈平22.5.19裁決〉

　各店舗の売上金の管理、経費負担の状況、請求人による経営への関与等を総合して勘案すれば、請求人が各店舗の実質的な経営者であり、その収益は請求人に帰属するとされた事例

②　財産の種類（争点）

所得の帰属者

③　要旨

　所得税法第27条に定める事業所得は、その営む事業から生ずる所得に着目して課せられる税としての基本的性格を有するから、事業所得の帰属者は、自己の計算と危険の下で継続的に営業活動を行う事業者であると解するのが相当であり、ある者がこのような事業者に当たるか否かについては、当該事業の遂行に際して行われる法律行為の名義、当該事業への出資の状況、収支の管理状況、従業員に対する指揮監督状況などを総合考慮し、経営主体としての実体を有するかを社会通念に従って判断すべきである。

　①各店舗の売上金は、現金売上げ及びクレジットカード売上げとも、請求人の下に集積され、専ら請求人の事実上の支配、管理下にあると認めることができること、②各店舗におけるホステスや従業員に対する給与等についても、請求人の了承が必要であったこと、③各店舗の営業状況等は、請求人に報告され、その指示を受けるシステムになっており、経営内容について、請求人の支配管理が及んでいたことが認められる。

④　チェックポイント

【判断要素】

①	法律行為の名義人	―
②	事業への出資の状況	○
③	収支の管理状況	○
④	従業員に対する指導監督状況	○

⑤　その他の判断要素等

各店舗の売上金

給与等の承諾

各店舗の営業状況等の報告

18 他人名義による投資システムからの収益の帰属 ■

① 事例の概要〈平22.11.30裁決〉

請求人はA名義等を使用して投資システムに参加し、投資システムから受けた配当及び販売手数料としてのボーナスが会員口座に入金されたものと推認でき、その入金額は、他社の資金を原資とする可能性があるものを除き、請求人に帰属するとされた事例

② 財産の種類（争点）

所得の帰属者（口座）

③ 要旨

請求人は、A、B、C名義を使用して投資システムに参加しているが、各会員口座に係る画面を自由に閲覧し、資金を他の口座に送金することができたこと等から、請求人が各会員口座を支配管理していたものと認められる。

本件各ボーナス取引は、請求人が各名義を使用して投資システムに参加し、本件投資システムから受けた配当及び販売手数料としてのボーナスが各会員口座に入金されたものと推認できる。

本件ボーナスがA会員口座に入金された直後に、それと同額の資金が他の会員口座へ送金されているものが存在する。請求人は、このような送金取引の原因を説明しないため、その原因を認定することはできないが、他の会員の資金を受けて会員権を取得したため、その者の資金に係るボーナスをその会員口座に送金したなどの可能性が考えられるから、本件各ボーナス取引に係る入金額は、他者の資金を原資とする可能性があるものを除き、請求人に帰属するものと認められる。

④　チェックポイント

【判断要素】

①	口座支配管理	○
②	配当・販売手数料の入金	○
③	資金原資	○

⑤　その他の判断要素等

送金取引の原因

19　居酒屋やキャバクラによる事業所得の帰属

①　事例の概要〈平23.2.24裁決〉

　居酒屋及びキャバクラに係る事業所得は請求人の主張する名義人には帰属せず、経営上の重要な判断を自ら行っていた請求人に帰属するとされた事例

②　財産の種類（争点）

所得の帰属者

③　要旨

　請求人は、キャバクラ店舗の新規開店の決定、店長の異動の決定及び店長の独立の許可等、事業に係る経営上の重要な判断を自ら行い、主要な従業員に対する人事権を掌握し、他方で、一部店舗の賃貸借契約に係る保証金や、新規店舗の開設費用の一部等を負担していたことも認められる。仮に、キャバクラ事業に係る事業所得が、A社又はB社に帰属し、請求人が経営指導料を受領していただけであったとすれば、最終的な経営判断は、各社の取締役が行うはずであり、売上金の一部を請求人に自由に消費させたり、費用の一部を請求人に負担させたりすることは極めて不自然であるから、これらの事実は、飲食事業に係る事業所得が請求人に帰属していたことを示すものである。

　請求人は、自己が経営するキャバクラ店舗が警察に摘発された際、同一の経営者であることを理由に他の店舗まで営業停止になることを防ぐなどの目的で、A社又はB社の名義で風営法の許可を取得させたこと、並びにA社及びB社の会計帳簿は作成されておらず、法人税の申告もされていなかったことなども併せ考えれば、A社及びB社の設立の前後で、請求人が行っていたキャバクラ事業の実態に大きな変化はなく、両社が設立された後も、キャバクラ事業に係る事業所得は、請求人個人に帰属するというべきであり、A社又はB社に帰属するとの請求人の主張には理由がない。

④　チェックポイント

【判断要素】

①	新規開店の決定状況	○
②	店長の異動の決定状況	○
③	事業に係る経営判断	○
④	従業員への人事権	○
⑤	風営法の許可	×

⑤　その他の判断要素等

会計帳簿の作成

法人税の申告

20 キャバクラによる事業所得の帰属

① 事例の概要〈東京地裁平25.4.16判決〉

　原告が収支管理をして、その収支も原告に帰属しており、各店長からオーナーと呼ばれていたことなど総合考慮すれば、本件事業の経営主体は原告であるとされた事例

② 財産の種類（争点）

　源泉徴収義務者

③ 要旨

　原告は、キャバクラ事業を経営して収入を得ていることを税務署に気付かれないようにするために、各店舗について風営法等の許可を従業員等の名義で取得していることが認められること、原告が収支の管理をしており、その収支も原告に帰属していたというべきであること、原告は、各店長からオーナーと呼ばれていたことなどを総合考慮すれば、実質的にみて、自己の計算においてキャバクラ事業を営んでいると認められる者が原告であることは明らかであり、本件事業の経営主体は原告であるというべきである。したがって、ホステスらに支払われた給与等に係る源泉徴収義務者は原告である。

④ チェックポイント

【判断要素】

①	収支管理状況	○
②	風営法等の許可	×

⑤ その他の判断要素等

　各店長の認識

21 源泉徴収義務者の判断基準 ■

① 事例の概要〈東京高裁平25.10.9判決〉

　源泉徴収義務者が誰であるかについては、事業の状況、収支の管理状況やその帰属、経営への関与等を総合考慮して、事業の経営主体が誰であるかによって判断すべきとされた事例

② 財産の種類（争点）

　源泉徴収義務者

③ 要旨

　控訴人は、源泉徴収義務者が誰であるかの判断は、対外的な取引名義等、形式的、法律的な要素を重視すべきであると主張する。しかしながら、各店舗における風営法の営業許可名義、各店舗の賃借人名義、売上金の入金口座名義は、必ずしも統一されておらず、むしろ、風営法上の規制対策や税務対策のため様々に形式的な名義が利用されていたことがうかがわれる。このことからすると、源泉徴収義務者が誰であるかについては、上記の取引名義に重きを置くことはできず、キャバクラ事業の状況、収支の管理状況やその帰属、経営への関与等を総合考慮して、キャバクラ事業の経営主体が誰であるかによってこれを判断すべきである。

　控訴人が、キャバクラ事業の収支を管理し、各店舗の開店を決定し、各店長ら管理職の異動を指示するなど、その経営に関与していたこと等に照らせば、控訴人を単に出資者にすぎないということはできず、控訴人が、キャバクラ事業の経営主体としてホステスらに対する給与等の支払をしていた者であり、源泉徴収義務者であったというべきことは、上記引用に係る原判決説示のとおりである。

　Ａらが一定の範囲で各店舗の運営や従業員等に対する給与等の支払額等につき決定権限を有していたとしても、それは経営主体である控訴人からその権限を委ねられたことによるものといえるから、そのことによってＡらがキャバクラ事業の経営主体であると認めることはできない。

④ チェックポイント

【判断要素】

①	収支管理状況・帰属	○
②	開店の決定	○
③	管理職異動の指示	○
④	事業の状況	○

⑤ その他の判断要素等

風営法の許可名義

各店舗の賃借人名義

22　飲食店の事業所得が請求人に帰属しないとされた事例

□

①　事例の概要〈平28.11.15裁決〉

飲食店事業に係る営業許可等の名義人である請求人に当該事業から生ずる収益は帰属しないとされた事例

②　財産の種類（争点）

所得の帰属者

③　要旨

請求人は、ともに本件事業に従事しているＡの依頼に応じて当該各契約等を自らの名義に変更したにすぎず、Ａは、請求人名義に変更後も本件事業の<u>資金管理</u>を行い、本件事業から生ずる<u>利益を処分</u>し、従業員の<u>雇用及び労務管理</u>を含む本件事業の運営を行っており、加えて、請求人とＡとの間で、Ａが従業員の立場で当該運営を行う旨の特段の合意があったとは認められないことからすると、本件事業から生ずる<u>収益を享受</u>しているのは、請求人ではなくＡであると認められる。

④　チェックポイント

【判断要素】

①	資金管理	○
②	雇用・労務管理状況	○
③	利益処分	○
④	収益の享受	○

⑤　その他の判断要素等

特段の合意（従業員の立場での運営）

23 家族名義を用いた不動産所得を除外

① 事例の概要〈岡山地裁平28.5.31判決〉

不動産等を取得するに当たり、家族名義を用いたり不動産賃貸するに当たっても、家族らを貸主とする契約書を作成し、賃料の一部を除外していたとされた事例

② 財産の種類（争点）

所得の帰属者

③ 要旨

原告は、不動産業を営み、毎年確定申告していること、法令や契約については相当の知識を有していると認められるところ（原告が税理士に申告業務を委任していたことは上記認定を左右しない）、原告は、不動産所得に係る収入について、自己名義の不動産について賃料収入の一部のみを申告している。原告は、不動産等を取得するに当たり、原告として所有する意思であったのに、あえて家族らの名義を用いており、これらの不動産を賃貸するに当たっても、家族らを貸主とする契約書を作成し、賃料振込先も家族ら名義の口座等を使用しながら、各口座を支配していたことが認められ、原告が架空の借用書を用いて貸付金の返済名目で賃料を受け取っていたことも認定のとおりである。

これらの事実によれば、原告は所得税の負担を軽減する目的で、各年分の不動産の賃料うち、原告に帰属すべき賃料の一部を故意に除外することで、自らが賃貸人ではないように装い、又は、賃料を賃料でないかのように装い、これに基づいて各確定申告書を提出していたと認められる。

④　チェックポイント

【判断要素】

①	契約書作成状況	○
②	家族名義の契約書	○
③	架空の借用書	○
④	賃料振込先	○
⑤	口座の支配	○

⑤　その他の判断要素等

確定申告の有無

24 他人名義の口座は請求人の支配・管理にあるとされた事例

① 事例の概要〈平27.12.11裁決〉

　請求人は、各店舗の責任者らに対して、請求人が管理していた他人名義口座に売上金を元とした一定の額を振込入金するよう指示し、入金された金員を取得したものと認められ、その金員に係る所得は、いわゆる上納金的な性質を有するものであることから、雑所得に該当するとされた事例

② 財産の種類（争点）

所得の帰属者

③ 要旨

　請求人は、携帯電話宛のメールにより各店舗の営業日ごとの収支状況等の報告を受け、これを把握した上で、各店舗の従業員の給料に係る源泉税等の支払や店舗責任者らと共に不動産事業を行うための資金に充てるという名目で、Aらに各口座への振込入金を指示し、Aらは、かかる指示を了承し、各店舗の売上金を元とした金員を各口座に定期的、継続的に振込入金していたものであるところ、各口座は、請求人が実質的に支配・管理していたものであるから、請求人は、各口座に振込入金された金員を取得したものと認められる。

④ チェックポイント

【判断要素】

①	収支状況報告	〇
②	振込入金指示	〇
③	口座の支配・管理	〇

⑤　その他の判断要素等

```
                          振込入金        ┌──────────────┐
                  ┌──────────────┐        │  各店舗責任者  │
   X ┈┈┈ │  他人名義口座  │◀──────  └──────────────┘
                  └──────────────┘◀────  ┌──────────────┐
                                           │  各店舗責任者  │
                                           └──────────────┘
```

25　従業員名義での経営の帰属　　■

①　事例の概要〈平27.3.31裁決〉

　従業員名義で経営していた店舗に係る経営上の行為の状況、利益の享受状況及び出資の状況等から当該店舗の事業に係る所得の帰属先は請求人であると認定された事例

②　財産の種類（争点）

　所得の帰属者

③　要旨

　請求人が本件各店舗の法律行為等について自らの名義又は自ら決定した借名を用いて行い、従業員を雇用、監督し、収支を管理し、本件各店舗から生じた利益を享受していたこと、また、本件各店舗に係る開店及び移転の各費用並びに出資に係る資金の負担者が請求人であったことから、本件各店舗の経営者は請求人であったと認められ、本件各店舗の事業に係る所得の帰属先は請求人である。

④　チェックポイント

【判断要素】

①	自らの名義又は決定した借名	○
②	雇用、監督	○
③	収支管理	○
④	利益享受	○
⑤	費用、出資の負担者	○

⑤　その他の判断要素等

　―

26 団体名を用いて得た収益の帰属 ■

① 事例の概要〈平27.3.18裁決〉

　当該団体は人格のない社団等とは認められず、請求人が団体名を用いて活動を行っていると認められるから、本件収益の一部は請求人に帰属するとされた事例

② 財産の種類（争点）

　所得の帰属者

③ 要旨

　A団体の名称で行われた活動に係る各収入（本件収入）のうち、甲収入（集会の参加者から収受した収入）及び乙収入（機関紙の購読料、書籍等の販売収入等）については、その収益を現に請求人が享受しているものと認められる上、請求人の指揮、指導の下に行われる活動から生じているものであり、請求人に帰属するものと認められる。

　本件収入のうち、丙収入（複数箇所で運営されている教室の受講参加者からの収入）については、請求人の指揮、指導の下に行われる活動から生じているものであると認められるものの、その収益は各担当者の独立採算による運営、管理が基本となっており、丙収入を請求人が収受したことや請求人が当該収入を費消したことをうかがわせる証拠はない。丙収入に係る収益は、請求人に帰属しないと認められることから、雑所得の金額の計算から除外すべきである。

④ チェックポイント

【判断要素】

①	指揮、指導	○
②	管理・運用者	－
③	収益の帰属	×

⑤ その他の判断要素等

　—

300

財産種類別・判断基準・キーワード

納税者勝訴の場合のポイント

	財産種類	判断基準・キーワード
1	預貯金	・名義預金については、①届出印鑑の所持、②仮名預金の存在の承知、③仮名預金の開設状況、入金状況等が問われます。 　訴訟等においては、主要な必要な事項は主張・立証する必要があり、この認定如何により納税者の主張が認められる場合があります。
2	所得の帰属	・仕入先との取引を同一名義、同一商号を使用しているような場合には、実質経営者の判断について、①開店資金の支出状況、②事業用資金の借入れ及び返済状況、③仕入代金の決済状況、④家賃その他の経費の支払状況等事業の種々の実態が問われます。 　それぞれについて、主張・立証を行う必要があり、これらについてそれぞれ独自の収支計算の基に行っているとの主張が認められると納税者勝訴となる場合があります。 ・請求名義人や契約書上危険負担者が実質と異なる場合、①事務連絡の実態、②事業の指揮監督、③収支明細帳の記載者、④収益の享受者等について、主張・立証する必要があります。認められれば納税者勝訴となる場合があります。 ・営業許可等の名義人と実質経営者が異なる場合、①事業の資金管理、②事業利益の教授、処分状況、③雇用・労務管理状況等が問われます。 　これらについて、主張・立証する必要があり、認められれば納税者勝訴となる場合があります。

	財産種類	判断基準・キーワード
3	株式	・株式の譲渡所得の実質帰属者については、①売買約定書の締結の有無及び署名と実印の使用状況、②譲渡の意思、取得の意思の確認、③取得資金の原資、④譲渡代金、利益の受領状況等が問われます。 　これらについて、主張・立証が必要であり、認められると納税者の勝訴となる場合があります。

財産種類別・判断基準・キーワード

納税者敗訴の場合のポイント

	財産種類	判断基準・キーワード
1	実質的帰属者 源泉徴収義務者	・①経営方針の決定等についての支配的影響力、②実質的経済効果の享受者が問われます。 ・事業の該当性については、①営利性、②継続性、③独立性が問われます。 　a　具体的には、貸付先との関係、貸付けの目的、貸付金額、貸付利息の収入状況、担保権設定の有無、貸付資金の調達方法、貸付けのための広告宣伝の状況などが総合的に判断されます。 　b　具体的には、法律行為の名義、事業への出資状況、収支の管理状況、従業員に対する指揮監督状況など総合的に判断されます。 ・①営業許可等の名義人、②事業資産や事業資金の調達・管理、③利益の管理・処分状況、④従業員の雇用等事業の運営に関する諸事情が問われます。 ・源泉徴収義務者の判断は、風営法上の名義、各店舗の賃借人名義、売上金の入金口座名義のみならず、収支の管理状況、管理職の異動指示状況、経営の関与等総合考慮して判断されます。
2	株式	・有価証券取引について、夫婦間の場合、包括的委託と認定され納税者の主張が認められない場合があるので、注意が必要です。 ・取引が家族名義等で行われる場合、①誰が資金を拠出（出

		捐）したか、②誰が管理処分したか、③誰が利益を享受し いるか等が問われます。 ・株式取引の方針決定、実行手続全般にわたる支配的影響力 等も問われます。 ・口座の支配・管理も問われます。

Ⅲ　法人税

1　簿外収入の帰属と現金支払金額の使途 　□

①　事例の概要〈平22.12.17裁決〉

　本件預金口座は、請求人に帰属するものと判断することが相当であるが、その口座からの出金については、預金口座の名義人で請求人の従業員である乙の所在が不明であり、預金通帳等の管理者が甲か乙のいずれかであるかを特定できないことからすれば、預金口座からの現金出金を甲が行ったとまでは認定することはできず、甲個人にその申告所得金額等によっては説明できない純資産の増加又は消費支出が存在する事実等も認められないから、現金出金額のうち使途が明らかでない金額を給与等として支給したものと認めることはできないとされた事例

②　財産の種類

　預金
　現金・出金

③　要旨

　本件は、原処分庁が、広告代理業を営む同族会社である審査請求人が特定の取引先に対する売上代金を従業員名義の預金口座に振り込ませ、当該売上げの全部又は一部を収入として計上していないなどとして原処分を行ったのに対し、請求人が、従業員名義の預金口座は従業員が個人営業目的で使用していたものであり、この口座への振込入金額は請求人の益金の額ではないなどとして、原処分の全部の取消しを求めた事案である。

　争点は、本件口座への取引先からの振込入金の額は請求人の法人税の益金の額及び消費税の課税資産の譲渡等の対価の額に該当するか否か。本件口座からの現金出金のうち使途が不明なものは、請求人の代表取締役に対する給与等に該当するか否かである。

　本件△△口座からの現金出金額のうち、使途が明らかでない金額を○○に対する給与等と認めるには、○○がこれを何らかの形で取得し、あるいはその経済的利益を享受したことが積極的に立証されるか、少なくとも、それを推認するに足る事実が立証されることが必要であるが、原処分庁は、その主張事実を認めるに足りる証拠を提示せず、また、当審判所の調査によっても、○○が当

該金額を受領し、又はその経済的利益を享受していた事実を明らかにする証拠を見いだすことができず、更に〇〇個人にその申告所得金額等によっては説明できない純資産の増加又は消費支出が存在する事実も認められないことからすれば、結局その使途が不明であるといわざるを得ない。そうすると、請求人が〇〇に対して、本件△△口座からの現金出金額のうち使途が明らかでない金額を給与等として支給したものと認めることはできない。

④　チェックポイント

【判断要素】

　使途が明らかでない金額については、①取得したこと、②経済的利益を享受したことの立証が必要。また、③純資産の増加又は消費支出の事実も判断要求の1つである。

⑤　その他の判断要素等

　預金通帳等の管理者が特定できず、預金口座からの現金出金を請求人が行ったことまで認定できない。

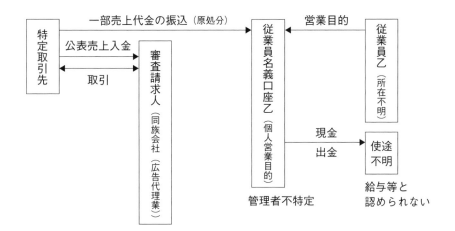

②　仮装経理による役員報酬 ■

①　事例の概要〈平21.11.6裁決〉

　請求人が監査役に対して支出したとする役員報酬は、取締役に対する報酬を監査役に対する報酬と仮装して経理したと認められることから、損金算入は認められないとされた事例

②　財産の種類

　預金
　報酬

③　要旨

　請求人は、その監査役である代表者の父及び義姉に対する役員報酬について、両監査役が監査役として就任し登記されている以上、報酬の支給が行われて当然であり、両監査役は、商法上の責任の対価としても報酬を受給する権利があるから、当該報酬の額は損金の額に算入されるべきであり、また、当該報酬を代表者の妻である常務が費消していたのは、当該報酬の額の一部を常務を通じて実際に両監査役に対して支給し、その残額を両監査役から代表者が借り受けていたものである旨主張する。

　しかしながら、監査役に対する報酬として請求人が支出した金員の全額について、常務は、現金で直接受領し、自己の預貯金口座に入金するなどして管理し、自らの支払に費消していたこと、本件金員は常務の意思により管理し自由に費消可能な状態にあったこと、代表者と両監査役との間に本件金員に関する金銭消費貸借の事実も認められず、両監査役が実際に監査業務に従事しておらず、常務が監査業務を行っていることなどの諸事情を併せ考慮すれば、本件金員が、常務に対して支給されたものであり、請求人から常務に対する報酬と認めるのが相当であり、また、本件金員を請求人が両監査役に対して支給したとしていたことは、常務に対する報酬を監査役に対する報酬に仮装して経理していたと認められる。

④　チェックポイント

【判断要素】

①	現金の受領	○
②	預金口座の管理	○
③	支払の消費	○
④	監査業務の実態	○

⑤　判断要素等

①現金で直接受領し、②自己の預金口座に入金するなどして管理し、③自ら費消していた。つまり、本人の意思により管理し、自由に費消可能な状態にあったこと。④両監査役が実際に監査業務に従事していない。

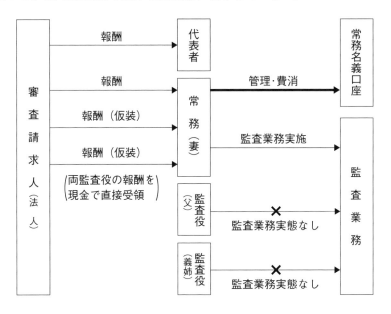

③ 決算賞与及び従業員名義簿外定期預金 ■

① 事例の概要〈福岡高裁平19.11.30判決〉

　定期預金の形で期末賞与を支給したから、期末賞与は本件各期の債務として確定している旨の控訴人医療法人の主張が、定期預金通帳及び届出印の管理状況、従業員に対し期末賞与を支給することについての周知状況などの諸事情に照らせば、本件各定期預金は控訴人医療法人に帰属し、簿外の定期預金として控訴人医療法人に留保されていたものであって、期末賞与を支給すべき債務が、本件各期の終了の日までに確定していたと認めることはできないとして排斥された事例

② 財産の種類

　定期預金

③ 要旨

　控訴人医療法人が、期末賞与を支給する意思がなく、期末時点において同賞与を支給すべき債務が確定していないことを認識しながら、これを支給する内容の振替伝票を作成し（帳簿書類の虚偽記載）、公表普通預金口座から金員を払い出して従業員名義の定期預金を設定し、これを簿外預金として隠匿した上、同賞与を支給したことを内容とする虚偽の確定申告書を提出したことは、故意に課税標準等又は税額等の計算の基礎となる事実の全部又は一部を隠蔽し又は仮装し、その隠ぺいし又は仮装したところに基づいて納税申告書を提出したものと認められる。

④ チェックポイント

【判断要素】

①	支給する意思	○
②	従業員名義定期預金	○
③	虚偽の確定申告書	○

⑤　その他の判断要素等

・期末賞与として従業員に支給する意思なし
・公表普通預金口座から金員を払い出して従業員名義の定期預金を設定
・虚偽の確定申告書の提出

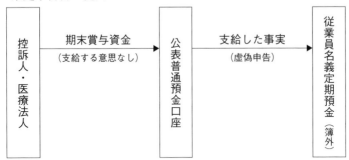

4 青色申告承認取消し・架空役員報酬の入金口座の帰属

① 事例の概要〈平16.10.25裁決〉

　①役員らは、請求人の職務に従事しているとは認められず、各名義預金口座はA取締役に帰属しているからA取締役の役員賞与であり、役員報酬を支給していないにもかかわらず、支給したかのように仮装して帳簿書類に記載していたことが認められるため青色取消処分は適法である、②請求人の従業員である運転手の給料手当から運行費利息、食事代利息及びペナルティという各名目で徴収した「運行費利息等」については、これらが入金されている通帳の管理を請求人の元取締役が行っていることから、同口座に入金された運行費利息等は請求人の収益であると判断された事例

② 財産の種類

　預金

③ 要旨

　本件は、貨物運送業を営む同族会社である審査請求人に対してされた原処分について、違法を理由としてその全部の取消しが求められた事案であり、争点は、①青色申告の承認の取消事由に該当する事実があるか、②請求人の取締役であった4名に対して支給した役員報酬は、損金の額に算入すべきか、③従業員である運転手の給料手当から運行費利息等の名目で徴収した金額は、益金の額に算入すべきか、④無事故褒賞金、福利厚生費及び事故車両の修繕費として支出した金額は、損金の額に算入すべきかである。

①　本件役員に対して役員報酬を支給していないにもかかわらず支給していたように仮装して帳簿書類に記載していたことが認められ原処分庁の主張について判断するまでもなく青色取消処分は適法である。

②　請求人は、本件役員はそれぞれ事情は異なるものの、取締役Aに借金をしていることから、本件役員報酬の受領及び管理をAに依頼しているのであって、役員報酬は労働の対価として役員に支払われているので損金の額に算入されるべきである旨主張する。しかしながら、本件役員がAから借

312

入れをしている事実を確認することができないこと、本件役員の全員が請求人の職務に従事し、その対価として報酬を受領しているとは認められないこと及び本件役員の各名義預金口座はＡに帰属すると認められることから、本件役員報酬はＡに支給された給料手当と認めるのが相当であり、本件役員に支給された給料手当と認めることはできない。したがって、この点に関する請求人の主張は採用することができない。

　本件役員報酬は、あたかも役員報酬を支給したように仮装して、Ａ個人に支給されたものであり、請求人があらかじめ定められた支給基準に基づいて支給したものとは認められず、その支給自体が臨時的なものであると認めるのが相当であることから、法人税法第35条第4項に規定する役員賞与と認められ、原処分庁が損金の額に算入することはできないとしたことに違法はない。

③　本件ペナルティ通帳は、交通違反等をしたドライバーに対する罰金と運行費や食事代の前渡金に対する利息を入金するための通帳である。請求人がこれら運行費利息等を運転手の給与から天引きしているのは、給料規定第30条の定めを根拠とするものであり、本件給料規定では、天引きした運行費利息等は従業員代表が管理し表彰の財源とすることとされているが、その実態は、(1)ペナルティ通帳の名義はいずれも請求人の元代表取締役であること、(2)ペナルティ通帳は、請求人の元代表取締役が入出金を管理していること、(3)従業員代表者は、ペナルティ通帳の入出金の内容等には関知しておらず、当該通帳を管理しているとは認められないことから、本件ペナルティ通帳は請求人に帰属し、同口座に入金された運行費利息等は請求人の収益であると認められる。

④　無事故褒賞金、福利厚生費及び事故車両の修繕費として簿外預金から支出した金額については、業務との関連性を合理的に推認させるに足りる具体的な立証がされていないというべきであるから、原処分庁がこれらの支出を損金の額に算入しなかったことは相当である。

　以上のとおり、各争点について原処分に違法はなく、本件青色取消処分及び法人税各更正処分は適法である。

④　チェックポイント

【判断要素】

①	出捐者	―
②	預入行為者	―
③	管理・運用者	○
④	利益享受者	―
⑤	処分者	―
⑥	内部関係	―

⑤　その他の判断要素等

・各役員名義口座は、A取締役に帰属するので役員賞与
・ペナルティ通帳の名義は、元代表取締役で入出金管理をしているので法人に帰属する。

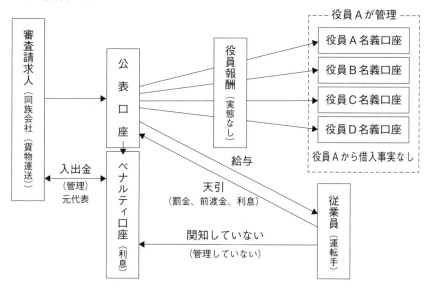

5　手形の割引に係る受取利息の帰属　■

①　事例の概要〈平10. 6 .29裁決〉

本件手形の取得及び取立ては、請求人に帰属すると認められる請求人の代表者等の名義預金を利用して行っていることから、受取利息は請求人に帰属するが、取り立てた金額を基に手形の割引を行っているから、代表者に対する役員賞与とは認められないとされた事例

②　財産の種類

預金

③　要旨

本件は、貨物自動車による運送業を営む同族会社である請求人が、法人税の更正処分等のうち、A株式会社の手形である本件手形の割引に係る受取利息の部分は、請求人に帰属するものではないとして、その部分の取消しを求める事案である。

請求人は、平成2年3月期及び平成3年3月期並びに平成4年3月期の法人税について、A社の手形及びB社の手形の割引に係る受取利息の計上漏れがあったとして、自らその帰属を認めて修正申告書を提出したものである。したがって、本件手形の割引に係る受取利息は、請求人の代表者であるC個人に帰属するとの請求人の主張のうち、平成元年4月1日から平成4年3月31日までの主張には理由がない。

平成3年12月2日から平成4年3月30日までの間に行ったA株式会社の本件手形の割引に係る額面金額合計7500万円の手形及び○○○○の手形の割引に係る額面金額3500万円の手形である本件関連手形は、平成4年3月期の法人税の修正申告において資産として留保されていないが、その修正申告に係る処分に理由がなく、その手形の割引に係る資金は、請求人に帰属する平成4年3月期までの預金からの出金額をその手形の送金額の全部又は一部に充てていること並びに平成4年4月1日以降において、平成4年3月期の法人税の修正申告に係る処分及び請求人に帰属する預金を利用して本件手形の割引の送金額に充てていること及び請求人に帰属する預金からの出金額を経費に仮装して本件手形の割引及び○○○○の手形の割引の送金額に充てていることが認められる。そ

うすると、本件関連手形は、請求人に帰属すると認められる。

　平成4年6月29日の○○銀行の請求人名義預金からの出金額のうち、1,962,150円は、架空備車費に係るものであると認められ、また、3,697,264円は請求人に帰属する○○銀行の請求人名義の平成4年3月31日現在の残高であり、その残高は、請求人に帰属する金額をCからの仮受金と仮装して相殺していたことが認められる。また、その出金額に係る払戻請求書の筆跡が、本件手形の割引の送金に係る振込依頼書等の筆跡と同一であり、本件手形の割引に係る送金額に対応する手形を○○○○名義預金で取り立てていることが認められ、その出金額は、同日の○○○○名義預金からの出金額と本件手形の割引に係る送金額の6,394,000円の差額に符合することから、その出金額を平成4年3月期の法人税の修正申告の処分を利用し簿外とするとともに、請求人に帰属する金額を、Cからの仮受金として○○銀行の請求人名義の平成4年3月31日現在の残高と相殺し、その残高をC個人に帰属させるなどの仮装をして、本件手形の割引に係る送金額の一部に充てたと認められる。そうすると、この出金額に相当する部分の本件手形は、請求人に帰属し、この部分の手形の割引に係る受取利息は、請求人に帰属すると認められる。

　原処分庁は、本件手形の割引に係る受取利息をCに対する役員賞与と認定している。しかしながら、本件手形の割引に係る受取利息は、その受取利息を含めその割引をした手形を、代表者名義預金等で取り立て、これを資金として継続して本件手形の割引を行っていることが認められ、○○○○の手形の割引に係る受取利息は、その受取利息を含めその割引をした手形を代表者名簿預金等で取り立て、これを本件手形の割引の資金としていること等が認められる。また、本件手形の割引以外に代表者名義預金からの出金額が認められ、この出金額は、同預金をCが管理し出金していたことから、同人が個人的に費消したと認められる。そうすると、各納税告知処分の認定に誤りがあると認められるから、Cに対する役員賞与の額を算定すると審判所認定額のとおりとなる。

④　チェックポイント

【判断要素】

①	出捐者	○（代表者C）
②	預入行為者	○（代表者等名義預金を利用）
③	管理・運用者	○（代表者C）
④	利益享受者	○（代表者Cに対する役員賞与）
⑤	処分者	○（代表者Cが個人的費消）
⑥	内部関係	―

⑤　その他の判断要素等

・出金額に係る払戻請求書の筆跡が振込依頼書等の筆跡と同一であるので手形割引に係る受取利息は請求人に帰属
・代表者名義出金が同預金をCが管理して出金していたことから、同人の個人的費消はCに対する役員賞与

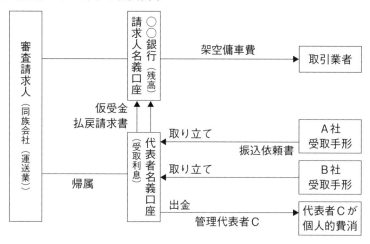

6　架空外注加工費の計上及び支払先口座の帰属　■

①　事例の概要〈平7.4.18裁決〉

　①外注加工費の支払先であるＣはその業務を行っていなかったものと認められ、また、②代表取締役Ａとその妻Ｂに支払った請求人の建物の管理に係る給料等は、管理業務が建物全体に及ぶから、請求人が負担すべき額は床面積の割合に応じて負担するのが相当であるとされた事例

②　財産の種類

　預金

③　要旨

　本件は、試作品製作業を営む請求人が、①帳簿書類に、架空の外注加工費の額を正常の取引であるかのごとく仮装して記載したとしてされた青色申告の承認の取消し、②平成2年1月期に請求人の代表取締役であるＡ及び同人の妻Ｂに支払った給料賃金の額について損金の額に算入しないとしてされた更正処分等の取消しを求める事案である。

　外注加工費の支払先であるＣは、本件外注加工費に係る業務を行っていなかったものと認められ、また、Ｃ名義預金については、請求人に帰属する預金であると認められるから、本件外注加工費は、架空の支出金であると認めるのが相当である。したがって、本件外注加工費の額を損金の額に算入することはできない。

　請求人は、Ａ及びＢに支払った本件給料賃金は、Ｐ館における請求人の建物の管理及び賄い等に対する費用である旨主張するので審理したところ、次のとおりである。

　所有者の異なる不動産の管理に係る管理人の給料賃金は、その不動産の所有の状況、使用の状況及びそれぞれの不動産に対する管理人の管理業務の比重等の従事状況に応じて負担するのが相当と認められるところ、本件の場合、Ｐ館の使用状況等は必ずしも明確ではないが、Ｐ館の各建物が、請求人の事業のために積極的に使用されていたと認めるべき客観的証拠は存在しないから、本件給料賃金の額については、各建物の床面積に基づいて配分するのが合理的であると認められる。

　したがって、不動産の管理業務がＰ館全体に及ぶ本件給料賃金の額のうち、研究所棟の管理業務に相当する額として請求人が負担すべき額は、Ｐ館全体の床面積797.74平方メートルに対する請求人の研究所棟の床面積280.80平方メートルの割合を本件給料賃金の額に乗じて計算して、また、Ａ及びＢもその所有する住宅棟の床面積312.99平方メートル及び管理等の床面積203.95平方メートルの割合に応じて負担するのが相当と認められる。そうすると、本件給与賃金の額3,871,000円のうち請求人の負担すべき額は、1,362,568円となり、差額の2,508,432円はＡ及びＢが負担すべきものである。

　請求人が、仮装経理に基づき外注加工費の額を支払う等して所得金額を過少に申告したことは、重加算税の課税要件に該当するものと認められる。したがって、本件更正処分により納付すべき税額のうち、その一部の取消しに伴い減額される部分以外の税額を基礎とする部分に係る重加算税の賦課決定処分は適法である。

④　チェックポイント

【判断要素】

①	出捐者	○（代表者　架空の支出金）
②	預入行為者	○（支払先Ｃ名義預金　請求人に帰属・架空の外注費）
③	管理・運用者	○（代表者　架空の支出金）
④	利益享受者	―
⑤	処分者	―
⑥	内部関係	―

⑤　その他の判断要素等

・外注加工費の支払先であるＣは加工業務を行っていない。
・架空外注費の額を損金に算入することはできない。

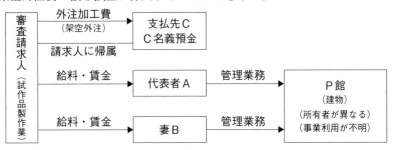

7　従業員賞与の支払の事実と名義口座及び債務確定時期　□

①　事例の概要〈昭62.12.4裁決〉

　①請求人は、賞与の額をすべて従業員名義の預金に預け入れており、本件賞与の額は、従業員にすべてを支払った事業年度の損金の額に算入するのが相当である、②請求人の行為は、債務確定の時期を誤解したものであり、仮装隠蔽の事実には該当しないとして、重加算税の賦課決定処分の一部を取り消された事例

②　財産の種類

　預金

③　要旨

1　本件は、青果物卸売業を営む審査請求人が、昭和61年5月期において従業員らに支給した期末賞与の額に対し、原処分庁が、実際には支給していないものと認定し、かつ、本件賞与の額を預け入れた各従業員名義の普通預金は、請求人に帰属するとして法人税の更正処分及び重加算税の賦課決定処分を行ったことについて、請求人が各処分の全部の取消しを求めた事案である。

2　請求人は、昭和61年5月19日に本件賞与の額を各支給対象従業員に支給したとするが、請求人は、その支給したとする賞与の額をすべて当該預金として預け入れ、かつ、その通帳を請求人の代表者たる地位にある甲が保管していることからみれば、同日に従業員に本件賞与の額が支払われたとは判断し難く、本件賞与の額は当期には支払いがなかったことが明らかである。

3　請求人は、当期末までに賞与の額を各従業員に通知をした資料として「昭和61年5月末決算賞与」と題する書面を提出したが、同書面に一部の従業員の押印がなく、かつ、パート従業員に対する賞与支給総額の明示もないのであって、具体的な賞与支給額を提示したとはいえず、その他当期の終了の日までに支給対象従業員に賞与の額を通知した事実を認めるに足りる証拠もないから、本件賞与の額が当事者間において債権債務として成立したと解することは到底できない。そうすると、本件賞与の額は、当期の損金の額に算入

すべき確定した債務とは認められず、実際に支給のあった日の属する翌事業年度の損金の額に算入するのが相当である。

4　原処分庁は、本件賞与の額を請求人が当期の損金の額に算入し、かつ、当該預金で留保していたことが仮装した行為に該当すると主張するが、請求人は、前期以前から各期末に、各事業年度ごとの利益に見合う賞与の額として、その事業年度の損金の額に算入する方法を採用していることから、当期の利益を基準として計算した賞与の額を当期の損金の額に算入すべきものと考えて、一時預金に留保していたものであり、支給対象従業員に対し、各人の支給額を当初内定額のとおり、昭和61年12月5日までにすべてを支払っていること、また、調査担当職員に対し、自主的に預金で留保している旨を開示の上説明していること等を考慮すると、請求人の行為は、債務確定の時期が当期に属するものと誤解して行ったものであり、仮装又は隠蔽の事実には該当しないと解するのが相当である。

④　チェックポイント

【判断要素】

①	出捐者	○（代表者）
②	預入行為者	○（代表者（従業員名義通帳））
③	管理・運用者	○（代表者甲が保管）
④	利益享受者	―
⑤	処分者	―
⑥	内部関係	―

⑤ その他の判断要素等

一時預金に留保したもので、決算期後当初内定額どおりにすべて支払っている。

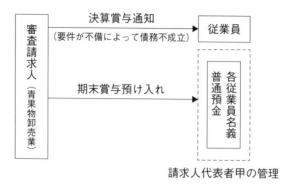

請求人代表者甲の管理

8 保険金を原資とする郵便貯金の帰属 ■

① 事例の概要〈昭59.2.6裁決〉

　団体定期保険契約に基づいて収受した保険金を死亡退職従業員の遺族に支払った事実は認められないとされた事例

② 財産の種類

　郵便貯金

③ 要旨

　保険金の受取人を請求人とする団体定期保険契約に基づいて収受した保険金は、死亡退職従業員の遺族に見舞金として支払っているから、当該金員相当額の利益は得ていないと請求人は主張するが、1）当該従業員の勤続年数は１年未満であって、高額の見舞金を支給することが不自然であること、2）遺族が作成したとする見舞金の領収証及び資金運用のために預かったとする預り証（写）は、遺族の答述等からその真実性を信用し難いこと、3）当該保険金を原資とする定額郵便貯金は、請求人の実質経営者の家族名義で設定され、調査開始後に遺族名義に書き換えられており、また遺族はこれらの事実を一切知らないことなどから、請求人の簿外資金の留保のために設定されたものと推認されること等から、当該見舞金を支払った事実は認められない。

④ チェックポイント

【判断要素】

①	出捐者	○（法人（請求人：経営者））
②	預入行為者	○（法人（請求人：経営者）・遺族名義へ書換え）
③	管理・運用者	○（法人（請求人：経営者））
④	利益享受者	○（法人（請求人：経営者））
⑤	処分者	×
⑥	内部関係	○（実質経営者の家族名義）

⑤　その他の判断要素等

・実質経営者の家族名義を設定し、従業員遺族名義に書換え
・従業員遺族は不知
・簿外資金留保のために設定

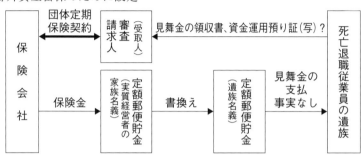

⑨　架空名義預金の帰属　　　　　　　　□

①　事例の概要〈昭56.7.8裁決〉

　収入金を除外してこれを架空名義預金に預入していたとした青色申告の承認取消処分、法人税の各更正処分等の全部が取り消された事例

②　財産の種類

　預金（普通・定期）
　簿外預金

③　要旨

1　本件は、家具の小売業を営む審査請求人が、昭和49年３月期から昭和52年３月期の各事業年度の法人税の確定申告書を提出したところ、原処分庁が、請求人は収入金を除外してこれを架空名義預金に預入していたとして青色申告の承認の取消処分、法人税の各更正処分等を行ったため、請求人がその取消しを求めた事案である。

2　当審判所が原処分関係資料を調査した結果によれば、取消年度末において、架空名義の普通預金及び無記名の定期預金10口をはじめ、○○○やその他請求人の関係人名義の個人預金の存在が多数認められ、かつ、調査終了時までの間にも架空名義の預金が引き続いて預入されていることから判断すると、請求人において継続して売上金の除外がなされたことが推認され、また、このような状況の下においては、特別の事情がない限り、請求人が取消年度においても取引を隠蔽するなどの方法によって、架空名義の預金を設定したものと原処分庁が推認したことは、社会通念に照らし当然というべきである。

3　そうであれば、本件における青色申告の取消理由についても、まず、これらの架空名義預金が存在する事実を示し、かつ、その発生の原因が、請求人の売上金を意図的に除外したことによるものであると認定した根拠を備付帳簿書類との関連において具体的資料を摘示することにより明示して、請求人の代表者等が他に収入金を獲得する原因もないところから、これらの預金を請求人のものと認定したこと及びその結果、請求人の備付帳簿書類の記載事項の全体について、その真実性を疑うに足りる相当の理由があると判断した旨を明記することが必要であったといわざるを得ない。

4　本件のように売上金の除外を原因とする簿外預金等の存在を理由に取り消す場合は、その簿外預金等と請求人の帳簿書類の記載との関連性を積極的に明らかにする事実、若しくは売上金を除外して簿外預金に預入したことを推認できるような事実はもちろんのこと、調査時において本件預金が請求人の預金でないことについての積極的、具体的な主張がなされたような場合においては、当該請求人の主張が認められない理由ないしは、請求人の事業以外には他に簿外預金を設定できるような資金源もないという具体的な事情の存在も摘示して、本件預金が売上金除外による簿外預金であることを明らかにする必要があるというべきところ、本件取消通知書の後段には、単に簿外預金の存在のみを記載し、売上除外金を当該簿外預金等に預入したと認定した根拠、ないしはそれを推認できる事実については何らの記載もないばかりか、請求人が、××に対する貸金の返済金を預入したと主張した点については、何らの判断も示されていない。

5　本件取消通知書に記載されている理由附記だけでは、原処分が取消しの理由とした帳簿書類に取引の全部又は一部を隠蔽し又は仮装して記載し、その結果、その記載事項の全体について真実性を疑うに足りる相当の理由があると認定した経緯と判断の根拠を、具体的に知ることは客観的に不可能であるばかりでなく、記載の内容自体からみても他人の預金を請求人の預金として摘示するという判断内容と表示された理由が相違する基本的な事項についての重大な瑕疵を含むものであるから、結局本件理由附記は、法の要求する附記として十分なものということはできず、従って、本件取消処分は、取消しの理由附記が不備であることによる違法は処分として、その取消しを免れない。

④ チェックポイント

【判断要素】

①	出捐者	×（事実の記載なし）
②	預入行為者	×（事実の記載なし）
③	管理・運用者	×（事実の記載なし）
④	利益享受者	×（事実の記載なし）
⑤	処分者	×（事実の記載なし）
⑥	内部関係	×（事実の記載なし）

⑤　その他の判断要素等

　売上除外金を簿外預金等に預入したと認定した根拠ないしは推認できる事実について記載なし

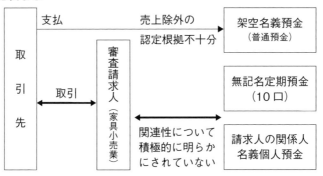

10 架空名義預金の帰属 ■

① 事例の概要〈昭49.6.26裁決〉

簿外取引により発生した架空名義預金は、審査請求人に帰属するとされた事例

② 財産の種類

預金

③ 要旨

1　請求人は、○○○○名義による取引は、すべて同業者○○○○のものであり、請求人には関係がないと主張するが、事実を総合して判断すると、○○○○名義による取引は、○○○○の個人の取引ではなく、請求人の取引と認めるのが相当である。

2　架空名義の普通預金には、○○○○の売上金を請求人がかわって集金した他店券の入金が含まれていると請求人は主張するが、①○○○○は、請求人の○○支店長として勤務しており、個人で取引をしていた事実は見当たらないこと、②請求人が○○○○の売上金を代わって集金した事実を明瞭にする資料がないことから、請求人の主張は事実に反すると認めるのが相当である。

3　架空名義を付した普通預金等18口の預金は、いずれも請求人の所有に属し、かつ、その日常の管理はすべて代表者が行っていたことは、代表者の供述によっても明らかなところである。

4　架空名義預金には、○○○○名で受け入れた他店券のほか、請求人が○○○○の取引先として、当庁に提示した取引先名簿や○○方面の取引先として原処分庁に提出した名簿に記載されている取引先が発行した他店券が多数預け入れられている。更に、架空名義預金には、前述の仮名取引による入金のほか、受取人が請求人名義の他店券の入金や、請求人名義の預金と架空名義預金相互間の預替え等の事実が認められる。

5　以上の点を総合判断すると、架空名義預金は、いずれも請求人に帰属するものと認めるのが相当である。

④　チェックポイント

【判断要素】

①	出捐者	○（代表者（日常の管理）代表者の供述）
②	預入行為者	○（代表者（日常の管理）架空名義預金18口）
③	管理・運用者	○（代表者（日常の管理））
④	利益享受者	―
⑤	処分者	―
⑥	内部関係	―

⑤　その他の判断要素等

　請求人名義預金と架空名義預金相互間の預替え等の事実があり、請求人の帰属と認められる。

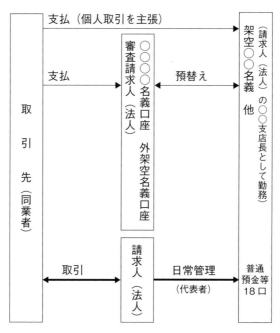

財産種類別・判断基準・キーワード

納税者勝訴の場合のポイント

	財産種類	判断基準・キーワード
1	預貯金	・原処分庁は単に簿外の仮名預金の受取利息が、当該預金が法人に帰属すると認めるためには具体的な根拠は何か等を明らかにする必要があります。 ・単に簿外預金の存在のみでは、当該預金が法人帰属と認定した根拠とは認められません。原処分庁は売上除外金を当該簿外預金等に預金したと認定した根拠、ないしそれを推認できる事項について明らかにする必要があります。
2	現金・出金	・法人の従業員名義個人口座を利用しての現金・出金については、原処分庁が給与課税する場合は経済的利益を享受した事実を明らかにする必要があります。

財産種類別・判断基準・キーワード

納税者敗訴の場合のポイント

	財産種類	判断基準・キーワード
1	預貯金	・「預入行為者」、「管理・運用者」が重要となり、「代表者名義口座」の場合、「預入行為者」、「管理・運用者」が代表者の場合は、法人の帰属として認定される事例が多くみられます。
2	現金・出金	・「出捐者（拠出者）」、「管理・運用者」が重要となり「代表者名義口座」の場合、「出捐者（拠出者）」、「管理・運用者」が代表者の場合は、法人の帰属として認定される事例が多くみられます。

第4編
参考資料

I　法令等

1　所得税法（抄）

第4章　所得の帰属に関する通則

（実質所得者課税の原則）

第12条　資産又は事業から生ずる収益の法律上帰属するとみられる者が単なる名義人であつて、その収益を享受せず、その者以外の者がその収益を享受する場合には、その収益は、これを享受する者に帰属するものとして、この法律の規定を適用する。

2　法人税法（抄）

第4章　所得の帰属に関する通則

（実質所得者課税の原則）

第11条　資産又は事業から生ずる収益の法律上帰属するとみられる者が単なる名義人であつて、その収益を享受せず、その者以外の法人がその収益を享受する場合には、その収益は、これを享受する法人に帰属するものとして、この法律の規定を適用する。

3　国税通則法（抄）

（重加算税）

第68条　第65条第1項（過少申告加算税）の規定に該当する場合（修正申告書の提出が、その申告に係る国税についての調査があつたことにより当該国税について更正があるべきことを予知してされたものでない場合を除く。）において、納税者がその国税の課税標準等又は税額等の計算の基礎となるべき事実の全部又は一部を隠蔽し、又は仮装し、その隠蔽し、又は仮装したところに基づき納税申告書を提出していたときは、当該納税者に対し、政令で定

めるところにより、過少申告加算税の額の計算の基礎となるべき税額（その税額の計算の基礎となるべき事実で隠蔽し、又は仮装されていないものに基づくことが明らかであるものがあるときは、当該隠蔽し、又は仮装されていない事実に基づく税額として政令で定めるところにより計算した金額を控除した税額）に係る過少申告加算税に代え、当該基礎となるべき税額に100分の35の割合を乗じて計算した金額に相当する重加算税を課する。

2　第66条第1項（無申告加算税）の規定に該当する場合（同項ただし書若しくは同条第9項の規定の適用がある場合又は納税申告書の提出が、その申告に係る国税についての調査があつたことにより当該国税について更正又は決定があるべきことを予知してされたものでない場合を除く。）において、納税者がその国税の課税標準等又は税額等の計算の基礎となるべき事実の全部又は一部を隠蔽し、又は仮装し、その隠蔽し、又は仮装したところに基づき法定申告期限までに納税申告書を提出せず、又は法定申告期限後に納税申告書を提出していたときは、当該納税者に対し、政令で定めるところにより、無申告加算税の額の計算の基礎となるべき税額（その税額の計算の基礎となるべき事実で隠蔽し、又は仮装されていないものに基づくことが明らかであるものがあるときは、当該隠蔽し、又は仮装されていない事実に基づく税額として政令で定めるところにより計算した金額を控除した税額）に係る無申告加算税に代え、当該基礎となるべき税額に100分の40の割合を乗じて計算した金額に相当する重加算税を課する。

3　前条第1項の規定に該当する場合（同項ただし書又は同条第2項若しくは第3項の規定の適用がある場合を除く。）において、納税者が事実の全部又は一部を隠蔽し、又は仮装し、その隠蔽し、又は仮装したところに基づきその国税をその法定納期限までに納付しなかつたときは、税務署長又は税関長は、当該納税者から、不納付加算税の額の計算の基礎となるべき税額（その税額の計算の基礎となるべき事実で隠蔽し、又は仮装されていないものに基

づくことが明らかであるものがあるときは、当該隠蔽し、又は仮装されていない事実に基づく税額として政令で定めるところにより計算した金額を控除した税額）に係る不納付加算税に代え、当該基礎となるべき税額に100分の35の割合を乗じて計算した金額に相当する重加算税を徴収する。

4　前三項の規定に該当する場合において、次の各号のいずれか（第一項又は前項の規定に該当する場合にあつては、第1号）に該当するときは、前三項の重加算税の額は、これらの規定にかかわらず、これらの規定により計算した金額に、これらの規定に規定する基礎となるべき税額に100分の10の割合を乗じて計算した金額を加算した金額とする。

一　前三項に規定する税額の計算の基礎となるべき事実で隠蔽し、又は仮装されたものに基づき期限後申告書若しくは修正申告書の提出、更正若しくは決定又は納税の告知（第36条第1項（第2号に係る部分に限る。）（納税の告知）の規定による納税の告知をいう。以下この号において同じ。）若しくは納税の告知を受けることなくされた納付があつた日の前日から起算して5年前の日までの間に、その申告、更正若しくは決定又は告知若しくは納付に係る国税の属する税目について、無申告加算税等を課され、又は徴収されたことがある場合

二　その期限後申告書若しくは修正申告書の提出又は更正若しくは決定に係る国税の課税期間の初日の属する年の前年及び前々年に課税期間が開始した当該国税（課税期間のない当該国税については、当該国税の納税義務が成立した日の属する年の前年及び前々年に納税義務が成立した当該国税）の属する税目について、特定無申告加算税等を課されたことがあり、又は特定無申告加算税等に係る賦課決定をすべきと認める場合

（加算税の税目）

第69条　過少申告加算税、無申告加算税、不納付加算税及び重加算税（以下

「加算税」という。）は、その額の計算の基礎となる税額の属する税目の国税とする。

第7章　　国税の更正、決定、徴収、還付等の期間制限

第1節　　国税の更正、決定等の期間制限

（国税の更正、決定等の期間制限）

第70条　次の各号に掲げる更正決定等は、当該各号に定める期限又は日から5年（第2号に規定する課税標準申告書の提出を要する国税で当該申告書の提出があつたものに係る賦課決定（納付すべき税額を減少させるものを除く。）については、3年）を経過した日以後においては、することができない。

一　更正又は決定　その更正又は決定に係る国税の法定申告期限（還付請求申告書に係る更正については当該申告書を提出した日とし、還付請求申告書の提出がない場合にする第25条（決定）の規定による決定又はその決定後にする更正については政令で定める日とする。）

二　課税標準申告書の提出を要する国税に係る賦課決定　当該申告書の提出期限

三　課税標準申告書の提出を要しない賦課課税方式による国税に係る賦課決定　その納税義務の成立の日

2　法人税に係る純損失等の金額で当該課税期間において生じたものを増加させ、若しくは減少させる更正又は当該金額があるものとする更正は、前項の規定にかかわらず、同項第1号に定める期限から10年を経過する日まで、することができる。

3　前二項の規定により更正をすることができないこととなる日前6月以内にされた更正の請求に係る更正又は当該更正に伴つて行われることとなる加算税についてする賦課決定は、前二項の規定にかかわらず、当該更正の請求があつた日から6月を経過する日まで、することができる。

4　第1項の規定により賦課決定をすることができないこととなる日前3月以内にされた納税申告書の提出（源泉徴収等による国税の納付を含む。以下この項において同じ。）に伴つて行われることとなる無申告加算税（第66条第8項（無申告加算税）の規定の適用があるものに限る。）又は不納付加算税（第67条第2項（不納付加算税）の規定の適用があるものに限る。）についてする賦課決定は、第1項の規定にかかわらず、当該納税申告書の提出があつた日から3月を経過する日まで、することができる。

5　次の各号に掲げる更正決定等は、第1項又は前二項の規定にかかわらず、第1項各号に掲げる更正決定等の区分に応じ、同項各号に定める期限又は日から7年を経過する日まで、することができる。

　一　偽りその他不正の行為によりその全部若しくは一部の税額を免れ、又はその全部若しくは一部の税額の還付を受けた国税（当該国税に係る加算税及び過怠税を含む。）についての更正決定等

　二　偽りその他不正の行為により当該課税期間において生じた純損失等の金額が過大にあるものとする納税申告書を提出していた場合における当該申告書に記載された当該純損失等の金額（当該金額に関し更正があつた場合には、当該更正後の金額）についての更正（第2項又は第3項の規定の適用を受ける法人税に係る純損失等の金額に係るものを除く。）

　三　所得税法第60条の2第1項から第3項まで（国外転出をする場合の譲渡所得等の特例）又は第60条の3第1項から第3項まで（贈与等により非居住者に資産が移転した場合の譲渡所得等の特例）の規定の適用がある場合（第117条第2項（納税管理人）の規定による納税管理人の届出及び税理士法（昭和26年法律第237号）第30条（税務代理の権限の明示）（同法第48条の16（税理士の権利及び義務等に関する規定の準用）において準用する場合を含む。）の規定による書面の提出がある場合その他の政令で定める場合を除く。）の所得税（当該所得税に係る加算税を含む。第73条第3項

（時効の完成猶予及び更新）において「国外転出等特例の適用がある場合の所得税」という。）についての更正決定等

4　相続税及び贈与税の重加算税の取扱いについて（事務運営指針）

課資 2 − 263

課料 3 − 11

査察 1 − 27

平成12年 7 月 3 日

改正　平成28年12月12日

令和 5 年 6 月23日

各国税局長　殿

沖縄国税事務所長　殿

国税庁長官

相続税及び贈与税の重加算税の取扱いについて（事務運営指針）

標題のことについて、国税通則法（以下「通則法」という。）第68条第 1 項若しくは第 2 項又は第 4 項の規定の適用に関し留意すべき事項等を下記のとおり定めたから、今後処理するものからこれにより取り扱われたい。

（趣旨）

相続税及び贈与税の重加算税の賦課に関する取扱基準の整備等を図ったものである。

記

第 1　賦課基準

通則法第68条第 1 項又は第 2 項に規定する「納税者がその国税の課税標準等又は税額等の計算の基礎となるべき事実の全部又は一部を隠蔽し、又は仮装し」とは、例えば、次に掲げるような事実（以下「不正事実」という。）があ

342

る場合をいう。

1　相続税関係

(1)　相続人（受遺者を含む。）又は相続人から遺産（債務及び葬式費用を含む。）の調査、申告等を任せられた者（以下「相続人等」という。）が、帳簿、決算書類、契約書、請求書、領収書その他財産に関する書類（以下「帳簿書類」という。）について改ざん、偽造、変造、虚偽の表示、破棄又は隠匿をしていること。

(2)　相続人等が、課税財産を隠匿し、架空の債務をつくり、又は事実をねつ造して課税財産の価額を圧縮していること。

(3)　相続人等が、取引先その他の関係者と通謀してそれらの者の帳簿書類について改ざん、偽造、変造、虚偽の表示、破棄又は隠匿を行わせていること。

(4)　相続人等が、自ら虚偽の答弁を行い又は取引先その他の関係者をして虚偽の答弁を行わせていること及びその他の事実関係を総合的に判断して、相続人等が課税財産の存在を知りながらそれを申告していないことなどが合理的に推認し得ること。

(5)　相続人等が、その取得した課税財産について、例えば、被相続人の名義以外の名義、架空名義、無記名等であったこと若しくは遠隔地にあったこと又は架空の債務がつくられてあったこと等を認識し、その状態を利用して、これを課税財産として申告していないこと又は債務として申告していること。

2　贈与税関係

(1)　受贈者又は受贈者から受贈財産（受贈財産に係る債務を含む。）の調査、申告等を任せられた者（以下「受贈者等」という。）が、帳簿書類について改ざん、偽造、変造、虚偽の表示、破棄又は隠匿をしていること。

(2)　受贈者等が、課税財産を隠匿し、又は事実をねつ造して課税財産の価額

を圧縮していること。

(3)　受贈者等が、課税財産の取得について架空の債務をつくり、又は虚偽若しくは架空の契約書を作成していること。

(4)　受贈者等が、贈与者、取引先その他の関係者と通謀してそれらの者の帳簿書類について改ざん、偽造、変造、虚偽の表示、破棄又は隠匿を行わせていること。

(5)　受贈者等が、自ら虚偽の答弁を行い又は贈与者、取引先その他の関係者をして虚偽の答弁を行わせていること及びその他の事実関係を総合的に判断して、受贈者等が課税財産の存在を知りながらそれを申告していないことなどが合理的に推認し得ること。

(6)　受贈者等が、その取得した課税財産について、例えば、贈与者の名義以外の名義、架空名義、無記名等であったこと又は遠隔地にあったこと等の状態を利用して、これを課税財産として申告していないこと。

第2　重加算税を課す場合の留意事項

（通則法第68条第4項の規定の適用に当たっての留意事項）

通則法第68条第4項の規定の適用に当たっては、次の点に留意する。

(1)　通則法第119条第4項の規定により無申告加算税又は重加算税の全額が切り捨てられた場合には、無申告加算税等（通則法第68条第4項第1号の無申告加算税等をいう。）を課されたことがある場合に該当せず、通則法第119条第4項の規定により無申告加算税又は重加算税の全額が切り捨てられた、又は切り捨てられる場合には、特定無申告加算税等（通則法第68条第4項第2号の特定無申告加算税等をいう。以下同じ。）を課されたことがあり、又は特定無申告加算税等に係る賦課決定をすべきと認める場合に該当しない。

(2)　相続税は課税期間のない国税に該当するため、その相続税の納税義務が成立した日の属する年の前年及び前々年のいずれにも別の相続税の納税義

務が成立している場合に限り、通則法第68条第4項第2号の規定の適用を
判定する。

第3　重加算税の計算

　重加算税の計算の基礎となる税額は、通則法第68条及び国税通則法施行令第
28条の規定により、その基因となった更正、決定、修正申告又は期限後申告
(以下「更正等」という。)があった後の税額から隠蔽又は仮装されていない事
実のみに基づいて計算した税額(A)を控除して計算するのであるが、この場
合、次の点に留意する。

(1)　相続税の場合

　イ　上記Aを算出する上で基となる相続税の総額の基礎となる各人の課税
　　　価格の合計額は、その更正等のあった後の各人の課税価格の合計額から
　　　その者の不正事実に基づく部分の価額(以下「重加対象価額」という。)
　　　を控除した金額を基に計算する。

　ロ　各人の税額計算を行う上で、上記Aの基礎となるその者の課税価格は、
　　　その更正等のあった後のその者の課税価格から当該課税価格に係るその
　　　者の重加対象価額を控除した金額を基に計算する。

　　(注)　重加対象価額の基となる財産に対応することが明らかな控除もれ
　　　　　の債務(控除不足の債務を含む。)がある場合には、当該財産の価
　　　　　額から当該債務の金額を控除した額が重加対象価額となる。

(2)　贈与税の場合

　　上記Aの基礎となる課税価格は、その更正等のあった後の課税価格から
重加対象価額を控除した金額を基に計算する。

5　申告所得税及び復興特別所得税の重加算税の取扱いについて（事務運営指針）

課所 4 −15

課資 3 − 4

課料 3 − 8

査察 1 −24

平成12年 7 月 3 日

改正　平成24年10月19日

平成28年12月12日

令和 5 年 6 月23日

国税局長　殿

沖縄国税事務所長　殿

国税庁長官

申告所得税及び復興特別所得税の重加算税の取扱いについて（事務運営指針）

　標題のことについて、国税通則法（以下「通則法」という。）第68条第 1 項若しくは第 2 項又は第 4 項の規定の適用に関し留意すべき事項等を下記のとおり定めたから、今後処理するものからこれにより取り扱われたい。

（趣旨）

　申告所得税及び復興特別所得税の重加算税の賦課に関する取扱基準の整備等を図ったものである。

記

第 1　賦課基準

（隠蔽又は仮装に該当する場合）

1　通則法第68条第1項又は第2項に規定する「国税の課税標準等又は税額等の計算の基礎となるべき事実の全部又は一部を隠蔽し、又は仮装し」とは、例えば、次に掲げるような事実（以下「不正事実」という。）がある場合をいう。

　なお、隠蔽又は仮装の行為については、特段の事情がない限り、納税者本人が当該行為を行っている場合だけでなく、配偶者又はその他の親族等が当該行為を行っている場合であっても納税者本人が当該行為を行っているものとして取り扱う。

(1)　いわゆる二重帳簿を作成していること。

(2)　(1)以外の場合で、次に掲げる事実（以下「帳簿書類の隠匿、虚偽記載等」という。）があること。

　①　帳簿、決算書類、契約書、請求書、領収書その他取引に関する書類（以下「帳簿書類」という。）を、破棄又は隠匿していること。

　②　帳簿書類の改ざん、偽造、変造若しくは虚偽記載、相手方との通謀による虚偽若しくは架空の契約書、請求書、領収書その他取引に関する書類の作成又は帳簿書類の意図的な集計違算その他の方法により仮装を行っていること。

　③　取引先に虚偽の帳簿書類を作成させる等していること。

(3)　事業の経営、売買、賃貸借、消費貸借、資産の譲渡又はその他の取引（以下「事業の経営又は取引等」という。）について、本人以外の名義又は架空名義で行っていること。

　ただし、次の①又は②の場合を除くものとする。

　①　配偶者、その他同居親族の名義により事業の経営又は取引等を行っているが、当該名義人が実際の住所地等において申告等をしているなど、税のほ脱を目的としていないことが明らかな場合

　②　本人以外の名義（配偶者、その他同居親族の名義を除く。）で事業の

　　経営又は取引等を行っていることについて正当な事由がある場合

(4)　所得の源泉となる資産（株式、不動産等）を本人以外の名義又は架空名義により所有していること。

　　ただし、(3)の①又は②の場合を除くものとする。

(5)　秘匿した売上代金等をもって本人以外の名義又は架空名義の預貯金その他の資産を取得していること。

(6)　居住用財産の買換えその他各種の課税の特例の適用を受けるため、所得控除若しくは税額控除を過大にするため、又は変動・臨時所得の調整課税の利益を受けるため、虚偽の証明書その他の書類を自ら作成し、又は他人をして作成させていること。

(7)　源泉徴収票、支払調書等（以下「源泉徴収票等」という。）の記載事項を改ざんし、若しくは架空の源泉徴収票等を作成し、又は他人をして源泉徴収票等に虚偽の記載をさせ、若しくは源泉徴収票等を提出させていないこと。

(8)　調査等の際の具体的事実についての質問に対し、虚偽の答弁等を行い、又は相手先をして虚偽の答弁等を行わせていること及びその他の事実関係を総合的に判断して、申告時における隠蔽又は仮装が合理的に推認できること。

（帳簿書類の隠匿、虚偽記載等に該当しない場合）

2　次に掲げる場合で、当該行為が、相手方との通謀による虚偽若しくは架空の契約書等の作成等又は帳簿書類の破棄、隠匿、改ざん、偽造、変造等によるもの等でないときは、帳簿書類の隠匿、虚偽記載等に該当しない。

(1)　収入金額を過少に計上している場合において、当該過少に計上した部分の収入金額を、翌年分に繰り越して計上していること。

(2)　売上げに計上すべき収入金額を、仮受金、前受金等で経理している場合において、当該収入金額を翌年分の収入金額に計上していること。

(3)　翌年分以後の必要経費に算入すべき費用を当年分の必要経費として経理している場合において、当該費用が翌年分以後の必要経費に算入されていないこと。

第2　重加算税を課す場合の留意事項

（通則法第68条第4項の規定の適用に当たっての留意事項）

通則法第68条第4項の規定の適用に当たっては、次の点に留意する。

(1)　通則法第119条第4項の規定により無申告加算税又は重加算税の全額が切り捨てられた場合には、通則法第68条第4項第1号の無申告加算税等を課されたことがある場合に該当せず、通則法第119条第4項の規定により無申告加算税又は重加算税の全額が切り捨てられた、又は切り捨てられる場合には、特定無申告加算税等（通則法第68条第4項第2号の特定無申告加算税等をいう。以下(1)において同じ。）を課されたことがあり、又は特定無申告加算税等に係る賦課決定をすべきと認める場合に該当しない。

(2)　源泉徴収に係る所得税及び復興特別所得税とこれ以外の所得税及び復興特別所得税は同一税目として取り扱わない。

第3　重加算税の計算

（重加対象税額の計算の基本原則）

1　重加算税の計算の基礎となる税額は、通則法第68条及び国税通則法施行令第28条の規定により、その基因となった更正、決定、修正申告又は期限後申告（以下「更正等」という。）があった後の所得税及び復興特別所得税の額から隠蔽又は仮装されていない事実のみに基づいて計算した所得税及び復興特別所得税の額を控除して計算するのであるが、この場合、その隠蔽又は仮装されていない事実のみに基づいて計算した所得税及び復興特別所得税の額の基礎となる所得金額は、その更正等のあった後の所得金額から不正事実に基づく所得金額（以下「重加対象所得」という。）を控除した金額を基に計算する。

（重加対象所得の計算）

2　第3の1の場合において、重加対象所得の計算については、次による。

　(1)　必要経費として新たに認容する経費のうちに、不正事実に基づく収入金額を得るのに必要な経費と認められるものがある場合には、当該経費を不正事実に基づく収入金額から控除する。

　　　ただし、簿外の収入から簿外の必要経費を支出している場合において、簿外の収入に不正事実に基づく部分の金額とその他の部分の金額とがある場合には、当該簿外の必要経費は、まず、不正事実に基づく部分の金額から控除し、控除しきれない場合に限り、当該控除しきれない必要経費の金額を当該その他の部分の金額から控除する。

　(2)　過大に繰越控除をした純損失の金額又は雑損失の金額のうちに、不正事実に基づく過大控除部分とその他の部分とがあり、当該損失の金額の全部又は一部が否認された場合における重加対象所得の計算に当たっては、まず、不正事実以外の事実に基づく損失の金額のみが否認されたものとして計算することに留意する。

　　　すなわち、不正事実に基づく過大の純損失又は雑損失から順次繰越控除していたものとすることに留意する。

　　　なお、純損失の金額又は雑損失の金額は正当であっても、その損失を生じた年分の翌年分以後の年分において、不正事実に基づき所得金額を過少にすることにより、当該所得金額を過少にした年分の翌年分以後の年分に繰越控除した損失の金額を否認した場合には、不正事実に基づく純損失又は雑損失を繰り越していたものとみなして重加対象所得の計算を行うこととする。

6　法人税の重加算税の取扱いについて（事務運営指針）

課法 2 − 8

課料 3 −13

査調 4 −10

査察 1 −29

平成12年 7 月 3 日

改正　平成16年 3 月26日

改正　平成23年 6 月30日

改正　平成25年 6 月27日

改正　平成27年 2 月13日

改正　平成27年 6 月26日

改正　平成28年12月12日

改正　令和 4 年 6 月30日

改正　令和 5 年 6 月23日

国税局長　殿

沖縄国税事務所長　殿

国税庁長官

法人税の重加算税の取扱いについて（事務運営指針）

　標題のことについて、国税通則法（以下「通則法」という。）第68条第 1 項若しくは第 2 項又は第 4 項の規定の適用に関し留意すべき事項等を下記のとおり定めたから、今後処理するものからこれにより取り扱われたい。

（趣旨）

　法人税の重加算税の賦課に関する取扱基準の整備等を図ったものである。

記

第1　賦課基準

（隠蔽又は仮装に該当する場合）

1　通則法第68条第1項又は第2項に規定する「国税の課税標準等又は税額等の計算の基礎となるべき事実の全部又は一部を隠蔽し、又は仮装し」とは、例えば、次に掲げるような事実（以下「不正事実」という。）がある場合をいう。

(1)　いわゆる二重帳簿を作成していること。

(2)　次に掲げる事実（以下「帳簿書類の隠匿、虚偽記載等」という。）があること。

　①　帳簿、原始記録、証ひょう書類、貸借対照表、損益計算書、勘定科目内訳明細書、棚卸表その他決算に関係のある書類（以下「帳簿書類」という。）を、破棄又は隠匿していること。

　②　帳簿書類の改ざん（偽造及び変造を含む。以下同じ。）、帳簿書類への虚偽記載、相手方との通謀による虚偽の証ひょう書類の作成、帳簿書類の意図的な集計違算その他の方法により仮装の経理を行っていること。

　③　帳簿書類の作成又は帳簿書類への記録をせず、売上げその他の収入（営業外の収入を含む。）の脱ろう又は棚卸資産の除外をしていること。

(3)　特定の損金算入又は税額控除の要件とされる証明書その他の書類を改ざんし、又は虚偽の申請に基づき当該書類の交付を受けていること。

(4)　簿外資産（確定した決算の基礎となった帳簿の資産勘定に計上されていない資産をいう。）に係る利息収入、賃貸料収入等の果実を計上していないこと。

(5)　簿外資金（確定した決算の基礎となった帳簿に計上していない収入金又は当該帳簿に費用を過大若しくは架空に計上することにより当該帳簿から

除外した資金をいう。）をもって役員賞与その他の費用を支出していること。

(6)　同族会社であるにもかかわらず、その判定の基礎となる株主等の所有株式等を架空の者又は単なる名義人に分割する等により非同族会社としていること。

（使途不明金及び使途秘匿金の取扱い）

2　使途不明の支出金に係る否認金につき、次のいずれかの事実がある場合には、当該事実は、不正事実に該当することに留意する。

なお、当該事実により使途秘匿金課税を行う場合の当該使途秘匿金に係る税額に対しても重加算税を課すことに留意する。

(1)　帳簿書類の破棄、隠匿、改ざん等があること。

(2)　取引の慣行、取引の形態等から勘案して通常その支出金の属する勘定科目として計上すべき勘定科目に計上されていないこと。

（帳簿書類の隠匿、虚偽記載等に該当しない場合）

3　次に掲げる場合で、当該行為が相手方との通謀又は証ひょう書類等の破棄、隠匿若しくは改ざんによるもの等でないときは、帳簿書類の隠匿、虚偽記載等に該当しない。

(1)　売上げ等の収入の計上を繰り延べている場合において、その売上げ等の収入が翌事業年度（その事業年度が連結事業年度に該当する場合には、翌連結事業年度。(2)において同じ。）の収益に計上されていることが確認されたとき。

(2)　経費（原価に算入される費用を含む。）の繰上計上をしている場合において、その経費がその翌事業年度に支出されたことが確認されたとき。

(3)　棚卸資産の評価換えにより過少評価をしている場合。

(4)　確定した決算の基礎となった帳簿に、交際費等又は寄附金のように損金算入について制限のある費用を単に他の費用科目に計上している場合。

（不正に繰戻し還付を受けた場合の取扱い）

4　法人が法人税法第80条又は第144条の13の規定により欠損金額につき繰戻し還付を受けた場合において、当該欠損金額の計算の基礎となった事実のうちに不正事実に該当するものがあるときは、重加算税を課すことになる。

（隠蔽仮装に基づく欠損金額の繰越しに係る重加算税の課税年度）

5　前事業年度以前の事業年度において、不正事実に基づき欠損金額を過大に申告し、その過大な欠損金額を基礎として欠損金額の繰越控除をしていた場合において、その繰越控除額を否認したときは、その繰越控除をした事業年度について重加算税を課すことになる。

　　なお、欠損金額の生じた事業年度は正しい申告であったが、繰越欠損金額を控除した事業年度に不正事実に基づく過少な申告があり、その後の事業年度に繰り越す欠損金額が過大となっている場合に、当該その後の事業年度において過大な繰越欠損金額を基礎として繰越控除をしているときも同様とする。

　（注）　繰越控除をした欠損金額のうちに所得税法等の一部を改正する法律
　　　　（令和2年法律第8号）による改正前の法人税法第57条第6項の規定により欠損金額とみなされた連結欠損金個別帰属額がある場合において、その欠損金額とみなされた金額が不正事実に基づき過大に繰り越されているときについては、本文の取扱いを準用する。

（隠蔽仮装に基づく最後事業年度の欠損金相当額の損金算入に係る重加算税の課税年度）

6　法人税法施行令等の一部を改正する政令（令和2年政令第207号）による改正前の法人税法施行令第112条第20項の規定を適用するに当たり、同項に規定する被合併法人となる連結法人又は残余財産が確定した連結法人がそれぞれ同項に規定する合併の日の前日又は残余財産の確定の日の属する事業年度において欠損金額を不正事実に基づき過大に申告し、その過大な欠損金額

を同項に規定する連結子法人である内国法人の最後事業年度の損金の額に算入していた場合において、その損金算入額を否認したときは、その損金算入をした最後事業年度（所得金額が生じるものに限る。）について重加算税を課すことになる。

第2　重加算税の取扱い

（通則法第68条第4項の規定の適用に当たっての留意事項）

通則法第68条第4項の規定の適用に当たっては、次の点に留意する。

(1)　通則法第119条第4項の規定により無申告加算税又は重加算税の全額が切り捨てられた場合には、無申告加算税等（通則法第68条第4項第1号の無申告加算税等をいう。(2)及び(3)において同じ。）を課されたことがある場合に該当せず、通則法第119条第4項の規定により無申告加算税又は重加算税の全額が切り捨てられた、又は切り捨てられる場合には、特定無申告加算税等（通則法第68条第4項第2号の特定無申告加算税等をいう。以下(3)までにおいて同じ。）を課されたことがあり、又は特定無申告加算税等に係る賦課決定をすべきと認める場合に該当しない。

(2)　被合併法人の各事業年度の法人税について、無申告加算税等を課されたことがある場合又は特定無申告加算税等を課されたことがあり、若しくは特定無申告加算税等に係る賦課決定をすべきと認める場合には、これらの無申告加算税等又は特定無申告加算税等が合併法人の行為に基因すると認められるときに限り、当該合併法人について、無申告加算税等を課されたことがある場合又は特定無申告加算税等を課されたことがあり、若しくは特定無申告加算税等に係る賦課決定をすべきと認める場合に該当するものとして取り扱う。

　また、連結納税の承認を取り消され、又は連結納税の適用の取りやめの承認を受ける前の各連結事業年度の法人税について、無申告加算税等を課されたことがある場合又は特定無申告加算税等を課されたことがあり、若

しくは特定無申告加算税等に係る賦課決定をすべきと認める場合には、連結親法人であった法人について、無申告加算税等を課されたことがある場合又は特定無申告加算税等を課されたことがあり、若しくは特定無申告加算税等に係る賦課決定をすべきと認める場合に該当するものとして取り扱う。

（注）　無申告加算税等又は特定無申告加算税等を課された一の法人について、その後分割が行われた場合であっても、分割承継法人について、無申告加算税等を課されたことがある場合又は特定無申告加算税等を課されたことがある場合には該当せず、分割前の期間が含まれる分割法人の各事業年度の法人税について特定無申告加算税等に係る賦課決定をすべきと認める場合であっても、分割承継法人について特定無申告加算税等に係る賦課決定をすべきと認める場合には該当しない。

(3)　通則法第68条第4項第2号の「課税期間の初日の属する年」の前年中又は前々年中に開始した各課税期間（事業年度）が1年未満のものがある場合には、同項（同号に係る部分に限る。）の規定は、当該前年中に課税期間（事業年度）が開始した法人税のうちのいずれか及び当該前々年中に開始した課税期間（事業年度）の法人税のうちのいずれかについて特定無申告加算税等を課されたことがあり、又は特定無申告加算税等に係る賦課決定をすべきと認める場合に該当するときに適用されるものであり、当該前年中及び当該前々年中に開始した各課税期間（事業年度）の法人税の全てについて特定無申告加算税等を課されたことがあり、又は特定無申告加算税等に係る賦課決定をすべきと認める場合に該当することは要しない。

第3　重加算税の計算

（重加対象税額の計算の基本原則）

1　重加算税の計算の基礎となる税額は、通則法第68条及び国税通則法施行令第28条の規定により、その基因となった更正、決定、修正申告又は期限後申

告（以下「更正等」という。）があった後の税額から隠蔽又は仮装をされていない事実だけに基づいて計算した税額を控除して計算するのであるが、この場合、その隠蔽又は仮装をされていない事実だけに基づいて計算した税額の基礎となる所得金額は、その更正等のあった後の所得金額から不正事実に基づく所得金額（以下「重加対象所得」という。）を控除した金額を基に計算する。

（重加対象所得の計算）

2　第３の１の場合において、重加対象所得の計算については、次による。

⑴　不正事実に基づく費用の支出等を認容する場合には、当該支出等が不正事実に基づく益金等の額（益金の額又は損金不算入額として所得金額に加算するものをいう。以下同じ。）との間に関連性を有するものであるときに限り、当該支出等の金額は不正事実に基づく益金等の額の減算項目とする。

⑵　交際費等又は寄附金のうちに不正事実に基づく支出金から成るものとその他の支出金から成るものとがあり、かつ、その交際費等又は寄附金のうちに損金不算入額がある場合において、当該損金不算入額のうち重加算税の対象となる金額は、その損金不算入額から不正事実に基づく支出がないものとして計算した場合に計算される損金不算入額を控除した金額とする。

⑶　過大に繰越控除をした欠損金額のうちに、不正事実に基づく過大控除部分と不正事実以外の事実に基づく過大控除部分とがある場合には、過大に繰越控除をした欠損金額は、まず不正事実に基づく過大控除部分の欠損金額から成るものとする。

（不正に繰戻し還付を受けた場合の重加対象税額の計算）

3　第１の４に該当する場合において、当該欠損金額のうちに不正事実に基づく部分と不正事実以外の事実に基づく部分とがあるときは、重加算税の計算の基礎となる税額は、次の算式により計算した金額による。

$$\text{法人税法第80条又は第144条の} \atop \text{13の規定により還付した金額} \quad \times \quad \frac{\text{不正事実に基づく欠損金額}}{\text{繰越しをした欠損金額}}$$

（重加算税を課す留保金額の計算等）

4　特定同族会社が重加対象所得から留保した部分の金額（以下「留保金額」
という。）に対して課される法人税法第67条第1項の規定による法人税額に
ついては、重加算税を課すことになる。この場合、その課税の対象となる留
保金額は、更正等の後の留保金額から重加算税を課さない部分の留保金額を
控除して計算するものとし、その重加算税を課さない部分の留保金額の計算
については、その計算上控除すべき同条第3項の法人税額及び地方法人税額
並びに道府県民税及び市町村民税の額は、それぞれ次に掲げる金額による。

(1)　法人税額　その不正事実以外の事実に基づく所得金額について計算した
金額

(2)　地方法人税額　その不正事実以外の事実に基づく所得金額を基礎として
計算した金額

(3)　道府県民税及び市町村民税の額　その不正事実以外の事実に基づく所得
金額を基礎として計算した金額

第4　通算法人等に係る取扱いの適用

第1から第3までの取扱いは、通算法人（通算法人であった内国法人を含む。
以下同じ。）の法人税に対する通則法第68条第1項若しくは第2項又は第4項
の規定の適用に当たっても同様とするほか、次に掲げる取扱いは、それぞれ次
に定めることに留意する。

(1)　第1の1の取扱い

この取扱いにおける「不正事実」とは、当該通算法人の行為に係る不正
事実をいい、他の通算法人の行為に係る不正事実はこれに該当しない。

(2)　第3の1の取扱い

この取扱いにおける「不正事実に基づく所得金額」とは、当該通算法人

の行為に係る不正事実に基づく所得金額をいう。

7　相続税・贈与税の各種便利データ

(1)　相続税の基礎控除の変遷

昭和33年1.1 〜	150万円 + 　30万円×法定相続人数
昭和50年1.1 〜	2,000万円 + 　400万円×法定相続人数
昭和63年1.1 〜	4,000万円 + 　800万円×法定相続人数
平成 4 年1.1 〜	4,800万円 + 　950万円×法定相続人数
平成 6 年1.1 〜	5,000万円 + 1,000万円×法定相続人数
平成27年1.1 〜	3,000万円 + 　600万円×法定相続人数

(2)　贈与税の基礎控除の変遷

昭和28年	10万円
昭和33年	20万円
昭和39年	40万円
昭和50年	60万円
平成13年	110万円

(3)　贈与税（暦年課税）の税率構造の推移

	昭和50年 （14段階）		昭和63年 （13段階）		平成 4 年 （13段階）		平成15年〜現行 （ 6 段階）	
	【課税価額】	【税率】%	【課税価額】	【税率】%	【課税価額】	【税率】%	【課税価額】	【税率】%
税率	50万円以下	10	100万円以下	10	150万円以下	10	200万円以下	10
	70 〃	15	120 〃	15	200 〃	15	300 〃	15
	100 〃	20	150 〃	20	250 〃	20	400 〃	20
	140 〃	25	200 〃	25	350 〃	25	600 〃	30
	200 〃	30	300 〃	30	450 〃	30	1,000 〃	40
	280 〃	35	400 〃	35	600 〃	35	1,000万円超	50
	400 〃	40	600 〃	40	800 〃	40		
	550 〃	45	800 〃	45	1,000 〃	45		
	800 〃	50	1,200 〃	50	1,500 〃	50		
	1,300 〃	55	2,000 〃	55	2,500 〃	55		
	2,000 〃	60	3,000 〃	60	4,000 〃	60		
	3,500 〃	65	7,000 〃	65	1 億円以下	65		
	7,000 〃	70	7,000万円超	70	1 億円超	70		
	7,000万円超	75						

（注）　相続時精算課税制度（平成15年 1 月 1 日〜）の税率は、非課税枠を超える部分に対し、一律20％

（財務省ホームページ（税制調査会資料等）より）

(4) 相続税・贈与税の速算表

相続税の速算表（平成27年1月1日以降適用）

各法定相続人の取得金額	税率	控除額	各法定相続人の取得金額	税率	控除額
千円以下	%	千円	千円以下	%	千円
10,000	10	—	200,000	40	17,000
30,000	15	500	300,000	45	27,000
50,000	20	2,000	600,000	50	42,000
100,000	30	7,000	600,000千円超	55	72,000

相続税の速算表（平成15年1月1日以降適用）

各法定相続人の取得金額	税率	控除額	各法定相続人の取得金額	税率	控除額
千円以下	%	千円	千円以下	%	千円
10,000	10	—	300,000	40	17,000
30,000	15	500	300,000千円超	50	47,000
50,000	20	2,000			
100,000	30	7,000			

贈与税の速算表（平成27年1月1日以降適用）

① 直系尊属から20歳以上（令和4年4月1日以降は18歳以上）の者への贈与

課税価格	税率	控除額
千円以下	%	千円
2,000	10	—
4,000	15	100
6,000	20	300
10,000	30	900
15,000	40	1,900
30,000	45	2,650
45,000	50	4,150
45,000千円超	55	6,400

② ①以外の贈与

課税価格	税　率	控除額
千円以下	%	千円
2,000	10	—
3,000	15	100
4,000	20	250
6,000	30	650
10,000	40	1,250
15,000	45	1,750
30,000	50	2,500
30,000 千円超	55	4,000

贈与税の速算表（平成15年1月1日以降適用）

課税価格	税　率	控除額
千円以下	%	千円
2,000	10	—
3,000	15	100
4,000	20	250
6,000	30	650
10,000	40	1,250
10,000 千円超	50	2,250

(5)　利子・配当・株式譲渡益課税の沿革

	利子課税	配当課税	株式譲渡益課税
昭和22年度	・総合課税 ・源泉分離選択可（60%） ・少額貯蓄非課税制度	・総合課税	・**総合課税**
昭和23年度		・配当控除制度の創設	
昭和25年度	・源泉分離選択課税の廃止		
昭和26年度	・源泉分離選択課税の復活（50%）		
昭和28年度	・源泉分離課税化（10%）		・**原則非課税**（回数多、売買株式数

	利子課税	配当課税	株式譲渡益課税
			大、事業類似は総合課税）
昭和30年度	・非課税		
昭和32年度	・短期（1年未満）のみ源泉分離課税化（10%）		
昭和34年度	・長期も含め源泉分離課税化（10%）		
昭和38年度	・源泉分離課税の税率引下げ（10%⇒5%）		
昭和40年度	・源泉分離課税の税率引上げ（5%⇒10%）	・源泉分離選択課税の創設（15%）（1銘柄年50万円未満等） ・申告不要制度の創設（10%）（1銘柄年5万円以下等）	
昭和42年度	・源泉分離課税の税率引上げ（10%⇒15%）	・源泉分離選択課税の税率引上げ（15%⇒20%） ・申告不要の税率引上げ（10%⇒15%）	
昭和46年度	・総合課税化 源泉分離課税選択可（20%）		
昭和48年度	・源泉分離選択課税の税率引上げ（20%⇒25%）	・源泉分離選択課税の税率引上げ（20%⇒25%）	
昭和49年度		・申告不要の要件の緩和(1銘柄年5万円⇒10万円)	
昭和51年度	・源泉分離選択課税の税率引上げ（25%⇒30%）	・源泉分離選択課税の税率引上げ（25%⇒30%）	
昭和53年度	・源泉分離選択課税の税率引上げ（30%⇒35%）	・源泉分離選択課税の税率引上げ（30%⇒35%） ・申告不要の税率引上げ（15%⇒20%）	

	利子課税	配当課税	株式譲渡益課税
昭和63年度	・源泉分離課税化 （20％）［所得税15％、住民税5％］ ・少額貯蓄非課税制度の原則廃止 （老人等少額貯蓄非課税制度に改組）		
平成元年度			・**原則課税化**（以下のいずれかの方式を選択） ・申告分離課税（26％）［所得税20％、住民税6％］ ・源泉分離選択課税（みなし利益方式）（20％）
平成13年度			・1年超保有上場株式等の100万円特別控除の創設 ・緊急投資優遇措置の創設
平成14年度	・障害者等少額貯蓄非課税制度に改組		・特定口座制度の創設
平成15年度		・源泉分離選択課税の廃止 ・上場株式等（大口以外）の申告不要の適用上限額の撤廃 ・上場株式等（大口以外）に係る軽減税率（10％） ［所得税7％、住民税3％］ （平成15年4月から平成20年3月まで）	・申告分離課税への一本化 （源泉分離選択課税の廃止） ・上場株式等に係る税率引下げ（26％⇒20％） ［所得税15％、住民税5％］ ・上場株式等に係る軽減税率（20％⇒10％） ［所得税7％、住民税3％］ （平成15年1月から平成19年12月まで） ・上場株式等の譲渡損失の繰越控除制度の創設

	利子課税	配当課税	株式譲渡益課税
平成16年度			・非上場株式に係る税率引下げ（26％⇒20％）［所得税15％、住民税5％］
平成19年度		・上場株式等（大口以外）に係る軽減税率（10％）［所得税7％、住民税3％］の1年延長（平成20年3月まで⇒平成21年3月まで）	・上場株式等に係る軽減税率（10％）［所得税7％、住民税3％］の1年延長（平成19年12月まで⇒平成20年12月まで）
平成20年度		・上場株式等（大口以外）に係る軽減税率（10％）［所得税7％、住民税3％］の廃止（平成20年12月末まで） ・特例措置として、平成21年1月から22年12月末までの間、源泉徴収税率は10％［所得税7％、住民税3％］ なお、上場株式等の配当（同一の支払者からの年間の支払金額が1万円以下のものを除く）の額が年間100万円超の場合には申告不要の選択不可 ・上場株式等の申告分離課税（20％）［所得税15％、住民税5％］の創設（平成21年1月から） ・特例措置として、平成21年1月から22年12月末までの間、上場株式等の配当等の額が年間100万円以下の部分の税率は10％［所得税7％、住民税3％］	・上場株式等に係る軽減税率（10％）［所得税7％、住民税3％］の廃止（平成20年12月末まで） ・特例措置として、平成21年1月から22年12月末までの間、源泉徴収税率は10％［所得税7％、住民税3％］ なお、上場株式等の譲渡益が年間500万円超の場合には申告不要の選択不可 ・特例措置として、平成21年1月から22年12月末までの間、上場株式等の譲渡益が年間500万円以下の部分の税率は10％［所得税7％、住民税3％］ ・上場株式等の譲渡損失と配当等との間の損益通算の仕組みを導入（平成21年分から。なお、特定口座を利用した損益通算は平成22年分から）

	利子課税	配当課税	株式譲渡益課税
平成21年度		・上場株式等の源泉徴収（大口以外）に係る軽減税率（10％）［所得税7％、住民税3％］を平成23年末まで1年延長 ・上場株式等の申告分離課税の税率の見直し（平成21年～23年まで10％［所得税7％、住民税3％]）	・特定口座における源泉徴収に係る軽減税率（10％）［所得税7％、住民税3％］の1年延長 ・上場株式等の申告分離課税の税率の見直し（平成21年～23年まで10％［所得税7％、住民税3％]）
平成22年度		・平成24年から実施される上場株式等に係る税率の20％本則税率化にあわせて、少額上場株式等に係る配当所得の非課税を導入	・平成24年から実施される上場株式等に係る税率の20％本則税率化にあわせて、少額上場株式等に係る譲渡所得の非課税措置を導入
平成23年度		・上場株式等の配当等（大口以外）に係る10％軽減税率［所得税7％、住民税3％］を平成25年末まで2年延長 ・上場株式等の配当等（大口以外）に係る源泉徴収の10％軽減税率［所得税7％、住民税3％］を平成25年末まで2年延長 ・非課税口座内の少額上場株式等に係る配当所得の非課税の施行日を2年延長し、平成26年からの適用とする ・総合課税の対象としている大口株主等が支払を受ける上場株式等に係る配当等の要件について、発行済株式等の総数等に占める保有割合を3％に引き下げる	・特定口座における源泉徴収に係る10％軽減税率［所得税7％、住民税3％］を平成25年末まで2年延長 ・上場株式等の譲渡所得等に係る10％軽減税率［所得税7％、住民税3％］を平成25年末まで2年延長 ・非課税口座内の少額上場株式等に係る譲渡所得等の非課税の施行日を2年延長し、平成26年からの適用とする

	利子課税	配当課税	株式譲渡益課税
平成25年度	・特定公社債等（注1）の利子等については、20％源泉分離課税の対象から除外した上で、申告不要又は申告分離課税の対象とする ・一般公社債等（注2）の利子等については、20％源泉分離課税を維持する。ただし、同族会社が発行した社債の利子でその同族会社の役員等が支払を受けるものは総合課税の対象とする ・上場株式等の譲渡損失及び配当所得の損益通算の特例の対象に、特定公社債等の利子所得等及び譲渡所得等を加え、これらの所得間並びに上場株式等の配当所得及び譲渡所得等との損益通算を可能とする ・平成28年1月1日以後に特定公社債等の譲渡により生じた損失の金額のうち、その年に損益通算をしても控除しきれない金額については、翌年以後3年間にわたり、特定公社債等の利子所得等及び譲渡所得等並びに上場株式等の配当所得及び譲渡所得等からの繰越控除を可能とする（平成28年1月1日以後適用） （注1）　特定公社債	・上場株式等の配当等（大口以外）に係る10％軽減税率［所得税7％、住民税3％］は、適用期限（平成25年末）をもって廃止 ・上場株式等の配当等（大口以外）に係る源泉徴収の10％軽減税率［所得税7％、住民税3％］は、適用期限（平成25年末）をもって廃止 ・非課税口座内の少額上場株式等に係る配当所得の非課税について、口座開設期間を10年間とし、非課税期間を最長5年とする	・上場株式等の譲渡所得等に係る10％軽減税率［所得税7％、住民税3％］は、適用期限（平成25年末）をもって廃止 ・特定口座における源泉徴収に係る10％軽減税率［所得税7％、住民税3％］は、適用期限（平成25年末）をもって廃止 ・非課税口座内の少額上場株式等に係る譲渡所得等の非課税について、口座開設期間を10年間とし、非課税期間を最長5年とする ・株式等に係る譲渡所得等の分離課税制度を、上場株式等に係る譲渡所得等と非上場株式等に係る譲渡所得等を別々の分離課税制度とする（平成28年1月1日以後適用）

	利子課税	配当課税	株式譲渡益課税
	等の範囲 ①特定公社債 ・国債、地方債 ・公募公社債 ・国内外の公営企業等が発行した債券 ・金融機関が発行した債券　等 ②公募公社債投資信託　等 （注2）　一般公社債等の範囲 ①特定公社債以外の公社債 ②私募公社債投資信託　等		
平成26年度			・非課税口座内の少額上場株式等に係る譲渡所得等の非課税について、1年単位で非課税口座を開設する金融機関の変更を認めるとともに、非課税口座を廃止した場合に非課税口座の再開設を認める
平成27年度 （2015年）		・非課税口座内の少額上場株式等に係る配当所得の非課税について、年間投資上限額を120万円（現行100万円)に引上げ(NISA) ・未成年者口座内の少額上場株式等に係る配当所得の非課税を創設（年間投資上限額80万円）（ジュニアNISA）	・非課税口座内の少額上場株式等に係る譲渡所得等の非課税について、年間投資上限額を120万円（現行100万円）に引上げ（NISA） ・未成年者口座内の少額上場株式等に係る譲渡所得等の非課税を創設（年間投資上限額80万円）（ジュニアNISA）

※表の税率の内書き記載のないものは、所得税のみの税率である。

（財務省ホームページより）

〔**新しいNISA**〕

　2024年以降、NISAの**抜本的拡充・恒久化**が図られ、**新しいNISA**が導入されました。

〔**新しいNISAのポイント**〕

・非課税保有期間の**無期限化**

・口座開設期間の**恒久化**

・つみたて投資枠と、成長投資枠の**併用が可能**

・年間投資枠の拡大（つみたて投資枠：年間**120万円**、成長投資枠：年間**240万円**、合計最大年間**360万円**まで投資が可能。）

・非課税保有限度額は、全体で**1,800万円**。（成長投資枠は、**1,200万円**。また、**枠の再利用が可能**。）

新しい制度

	つみたて投資枠　併用可	成長投資枠
年間投資枠	120万円	240万円
非課税 保有期間 (注1)	無期限化	無期限化
非課税 保有限度額 (総枠) (注2)	1,800万円 ※簿価残高方式で管理（枠の再利用が可能）	
		1,200万円（内数）
口座開設期間	恒久化	恒久化
投資対象商品	長期の積立・分散投資に適した一定の投資信託〔現行のつみたてNISA対象商品と同様〕	上場株式・投資信託等 (注3) 〔①整理・監理銘柄②信託期間20年未満、毎月分配型の投資信託及びデリバティブ取引を用いた一定の投資信託等を除外〕
対象年齢	18歳以上	18歳以上

		2023年末までに現行の一般NISA及びつみたてNISA制度において投資した商品は、新しい制度の外枠で、現行制度における非課税措置を適用
現行制度との関係		※現行制度から新しい制度へのロールオーバーは不可

（注1）　非課税保有期間の無期限化に伴い、現行のつみたてNISAと同様、定期的に利用者の住所等を確認し、制度の適正な運用を担保

（注2）　利用者それぞれの非課税保有限度額については、金融機関から一定のクラウドを利用して提供された情報を国税庁において管理

（注3）　金融機関による「成長投資枠」を使った回転売買への勧誘行為に対し、金融庁が監督指針を改正し、法令に基づき監督及びモニタリングを実施

（注4）　2023年末までにジュニアNISAにおいて投資した商品は、5年間の非課税期間が終了しても、所定の手続きを経ることで、18歳になるまでは非課税措置が受けられることとなっているが、今回、その手続きを省略することとし、利用者の利便性向上を手当て

〔参考〕現行制度

	つみたてNISA（2018年創設）	選択制	一般NISA（2014年創設）
年間投資枠	40万円		120万円
非課税保有期間	20年間		5年間
非課税保有限度額	800万円		600万円
口座開設期間	2023年まで		2023年まで
投資対象商品	長期の積立・分散投資に適した一定の投資信託（金融庁の基準を満たした投資信託に限定）		上場株式・投資信託等
対象年齢	18歳以上		18歳以上

（金融庁ホームページより）

Ⅱ 本書収載裁判例・裁決例 TAINSコード一覧

本書収載裁判例・裁決例　TAINSコード一覧

No	税目	裁判所	判決年月日	TAINSコード	頁
1	重加算税	静岡地裁	H17. 3 .30	Z255-09982	26
2	重加算税	裁決	H19. 6 .26	F0-3-218	27
3	重加算税	高松高裁	S58. 3 . 9	Z129-5150	28
4	重加算税	裁決	H22. 5 .28	F0-3-258	29
5	重加算税	最高裁	H 7 . 4 .28	Z209-7518	30
6	重加算税	東京地裁	H18. 7 .19	Z256-10471	32
7	重加算税	裁決	H23. 5 .11	J83-1-03	34
8	重加算税	最高裁	H 7 . 4 .28	Z209-7518	35
9	重加算税	裁決	H28. 4 .25	J103-1-06	35
10	重加算税	最高裁	H 6 .11.22	Z206-7416	37
11	重加算税	裁決	H30. 1 .30	J110-1-04	37
12	重加算税	裁決	H30. 3 .29	J110-1-07	38
13	重加算税	最高裁	H 7 . 4 .28	Z209-7518	39
14	重加算税	裁決	H30. 8 .22	J112-4-06	40
15	重加算税	大阪地裁	S56. 2 .25	Z116-4745	47
16	重加算税	大阪高裁	S57. 9 . 3	Z127-5052	47
17	重加算税	京都地裁	H 5 . 3 .19	Z194-7098	48
18	重加算税	裁決	S51. 5 .28	J12-1-01	50
19	重加算税	大阪地裁	S36. 8 .10	Z035-1056	50
20	重加算税	裁決	H12.10.18	J60-1-12	51
21	重加算税	東京地裁	H 3 . 5 .15	Z183-6713	53
22	重加算税	東京地裁	H 3 . 1 .31	Z182-6646	55
23	重加算税	名古屋地裁	H 4 .12.24	Z193-7050	55
24	重加算税	裁決	H30. 9 .21	F0-2-856	57
25	重加算税	裁決	R 1 . 6 .20	F0-2-919	59
26	重加算税	東京地裁	H24. 9 .21	Z262-12044	62
27	重加算税	大阪地裁	H 9 . 9 . 4	Z228-7976	64
28	重加算税	大阪地裁	H10.10.28	Z238-8268	66
29	重加算税	裁決	H23. 4 .19	J83-1-04	69

No	税目	裁判所	判決年月日	TAINSコード	頁
30	重加算税	大阪高裁	H16. 9 .29	Z254-9760	70
1	相続税	東京地裁	H 7 . 3 .28	Z208-7487	148
2	相続税	横浜地裁	H 9 . 8 .27	Z228-7971	150
3	相続税	横浜地裁	H 9 . 8 .27	Z228-7971	151
4	相続税	高松地裁	H10. 7 .28	Z237-8216	153
5	相続税	裁決	H20. 4 .10	F0-3-236	154
6	相続税	新潟地裁	H11. 7 .29	Z244-8459	156
7	相続税	東京高裁	H19.12. 4	Z257-10840	157
8	相続税	裁決	H15. 3 .25	J65-4-38	159
9	相続税	神戸地裁	H 9 . 4 .28	Z223-7909	161
10	相続税	名古屋地裁	H 7 .12.13	Z214-7625	163
11	相続税	岡山地裁	H 8 . 9 .17	Z220-7777	164
12	相続税	裁決	H10. 3 .31	J55-4-20	165
13	相続税	大阪高裁	H12. 3 .15	Z246-8610	166
14	相続税	東京地裁	H18. 9 .22	Z256-10512	168
15	相続税	大阪地裁	H21. 1 .30	Z259-11134	170
16	相続税	東京地裁	H23. 7 .22	Z261-11721	172
17	相続税	裁決	H11. 3 .29	J57-4-27	173
18	相続税	東京地裁	H17.11. 4	Z255-10194	174
19	相続税	大阪地裁	H23.12.16	Z261-11836	175
20	相続税	裁決	H19. 3 . 8	F0-3-310	177
21	相続税	東京地裁	H23. 7 .22	Z261-11721	179
22	相続税	裁決	H18.11.30	F0-3-155	180
23	相続税	裁決	H20. 5 .29	J75-4-32	182
24	相続税	裁決	H23. 6 .21	J83-4-19	183
25	相続税	裁決	H28.12.12	F0-3-510	185
26	相続税	裁決	H28.11. 8	J105-3-06	187
27	相続税	裁決	H28. 4 .20	F0-3-477	189
28	相続税	裁決	H26. 8 .25	F0-3-403	191
29	相続税	裁決	H31. 4 .19	J115-4-11	193

No	税目	裁判所	判決年月日	TAINSコード	頁
30	相続税	裁決	H25.12.10	J93-4-11	195
31	相続税	裁決	H23.5.16	J83-4-18	197
32	相続税	裁決	H19.10.4	J74-4-18	199
33	相続税	裁決	H19.4.11	F0-3-312	201
34	相続税	裁決	H18.1.27	F0-3-158	203
35	相続税	裁決	H13.3.29	F0-3-005	205
36	相続税	裁決	R4.2.15	J126-3-04	207
37	相続税	裁決	H11.3.29	J57-4-27	209
38	相続税	裁決	H4.5.18	J43-4-02	211
39	相続税	裁決	H3.1.18	J41-4-01	212
40	相続税	裁決	S56.4.3	F0-3-279	214
41	相続税	東京地裁	H29.11.24	Z888-2179	216
42	相続税	東京地裁	H26.9.30	Z264-12537	218
43	相続税	神戸地裁	H26.9.9	Z264-12525	220
44	相続税	裁決	H23.8.26	J84-4-15	222
45	相続税	東京地裁	H26.4.25	Z264-12466	224
46	相続税	東京高裁	H21.4.16	Z259-11182	227
47	相続税	東京地裁	H20.10.17	Z258-11053	229
48	相続税	裁決	R3.9.17	J124-2-05	231
49	相続税	名古屋地裁	H20.12.11	Z258-11102	233
50	相続税	東京地裁	H19.5.31	Z257-10720	235
51	相続税	名古屋高裁	H15.12.25	Z253-9500	237
52	相続税	名古屋地裁	H2.3.30	Z176-6490	239
53	相続税	東京地裁	S61.10.28	Z154-5812	241
54	相続税	裁決	H19.6.12	F0-3-318	243
55	相続税	宇都宮地裁	H12.8.30	Z248-8714	245
56	相続税	裁決	R3.7.12	J124-2-06	247
57	相続税	名古屋地裁	H29.10.19	Z888-2182	249
1	所得税	熊本地裁	S57.12.15	Z128-5110	258
2	所得税	東京地裁	H5.10.20	Z199-7211	260

No	税目	裁判所	判決年月日	TAINSコード	頁
3	所得税	裁決	H 4 .12.10	F0-1-040	262
4	所得税	東京高裁	H 6 . 6 .23	Z201-7352	264
5	所得税	名古屋高裁	H 7 . 4 .17	Z209-7500	266
6	所得税	静岡地裁	H 7 .10.26	Z214-7602	267
7	所得税	大阪地裁	H 8 . 8 .28	Z220-7763	269
8	所得税	最高裁	H10.10.13	Z238-8257	270
9	所得税	大阪高裁	H11. 4 . 8	Z242-8383	271
10	所得税	裁決	H12. 1 .25	J59-2-08	272
11	所得税	裁決	H12. 6 .27	F0-1-043	274
12	所得税	裁決	H12.10.30	F0-1-098	276
13	所得税	東京高裁	H15. 3 .11	Z253-9304	278
14	所得税	裁決	H15.12. 1	F0-1-123	279
15	所得税	裁決	H17. 6 . 2	F0-1-255	281
16	所得税	神戸地裁	H21. 5 .27	Z259-11211	283
17	所得税	裁決	H22. 5 .19	F0-1-367	285
18	所得税	裁決	H22.11.30	F0-1-396	287
19	所得税	裁決	H23. 2 .24	F0-1-412	289
20	所得税	東京地裁	H25. 4 .16	Z263-12200	291
21	所得税	東京高裁	H25.10. 9	Z263-12303	292
22	所得税	裁決	H28.11.15	J105-1-01	294
23	所得税	岡山地裁	H28. 5 .31	Z266-12860	295
24	所得税	裁決	H27.12.11	F0-1-586	297
25	所得税	裁決	H27. 3 .31	J98-2-03	299
26	所得税	裁決	H27. 3 .18	F0-1-569	300
1	法人税	裁決	H22.12.17	F0-2-384	306
2	法人税	裁決	H21.11. 6	J78-3-22	308
3	法人税	福岡高裁	H19.11.30	Z257-10838	310
4	法人税	裁決	H16.10.25	F0-2-306	312
5	法人税	裁決	H10. 6 .29	F0-2-067	315
6	法人税	裁決	H 7 . 4 .18	F0-2-064	318

No	税目	裁判所	判決年月日	TAINSコード	頁
7	法人税	裁決	S62.12. 4	F0-2-663	321
8	法人税	裁決	S59. 2 . 6	J27-3-05	324
9	法人税	裁決	S56. 7 . 8	F0-2-417	326
10	法人税	裁決	S49. 6 .26	F0-2-158	329

（主な参考文献）

・「『名義』財産の税務（第3版）」（安部和彦著）（中央経済社）
・「名義財産の帰属認定」（峰岡睦久著）（新日本法規）
・「相続税・贈与税における名義預金・名義株の税務判断」（風岡範哉著）（清文社）
・「附帯税の事例研究」（品川芳宣著）（財経詳報社）
・「裁判例からみる加算税」（酒井克彦著）（大蔵財務協会）

(編著者)
渡邉　定義（わたなべ　さだよし）
昭和31年　大分県生まれ。立命館大学法学部卒業。昭和55年東京国税局採用後、国税庁、東京国税局国税訟務官室、国税不服審判所（本部）、国税庁資産税課、国税庁資産評価企画官室、麻布税務署副署長、東京国税局査察部、調査部、杉並税務署長、東京国税局資産課税課長などを歴任後、平成25年国税庁首席監察官、平成27年熊本国税局長を最後に退官。平成28年8月税理士登録。現在、東京税理士会麹町支部所属。相続税・贈与税等を中心とした税理士業務のほか、税理士会のセミナー講師や各種企業の顧問・相談なども務める。
［主な著書］
・「相続税・贈与税　体系財産評価」
・「三訂版　非上場株式の評価実務ハンドブック」
・「図解・表解　財産評価ハンドブック」
・「図解・表解　相続税申告書の記載チェックポイント」
　その他、国税通則法関係等多数執筆。

(著者)
田作　有司郎（たさく　ゆうじろう）
昭和32年東京都生まれ。明治大学商学部卒業。昭和55年東京国税局採用後、東京国税局考査課、資産課税課、機動課、京橋税務署副署長、鎌倉税務署特別国税調査官（資産課税）、国税庁広島派遣主任監察官、税務大学校教授（資産課税）及び主任教授（資産課税）、雪谷税務署長などを歴任後、藤沢税務署長を最後に退官。平成30年8月税理士登録。令和元年6月東京税理士会会員相談室相談委員
［主な著書］
・「名義財産をめぐる税務」
・「譲渡所得のチェックポイント」

中西　徹（なかにし　とおる）
昭和41年東京都生まれ。駒澤大学経済学部商学科卒業、早稲田大学大学院会計研究科修士課程修了。
平成2年東京国税局採用後、東京国税局徴収部機動課、東京国税局調査部（調査第一部特別国税調査官室、調査第三部、調査第四部）及び管内税務署で税務調査等を担当。平成28年退職。港区南青山に中西徹税理士事務所を開設。
現在、東京税理士会麻布支部所属。

(執筆協力者)
税理士　**木村　賢司**

Q&Aと事例でわかりやすく解説

名義財産をめぐる税務

（相続税・贈与税、所得税、法人税）

―裁判例・裁決例の結論から国税のプロが読み解く判断要素―

～名義財産及び重加算税の裁判例・裁決例について分析～

令和6年2月26日　初版印刷
令和6年3月19日　初版発行

不　許
複　製

編著者　渡　邉　定　義

（一財）大蔵財務協会　理事長
発行者　木　村　幸　俊

発行所　一般財団法人　大蔵財務協会

〔郵便番号　130-8585〕

東京都墨田区東駒形1丁目14番1号

（販　売　部）TEL03(3829)4141・FAX03(3829)4001
（出版編集部）TEL03(3829)4142・FAX03(3829)4005
https://www.zaikyo.or.jp

乱丁・落丁はお取替えいたします。　　　　印刷　㈱恵友社
ISBN978-4-7547-3203-5